HR实战学堂

"绩"动人心

企业绩效管理实务
工作指南

◄• 王伟杰 郑蜀治 高秀君◎主 编 •►

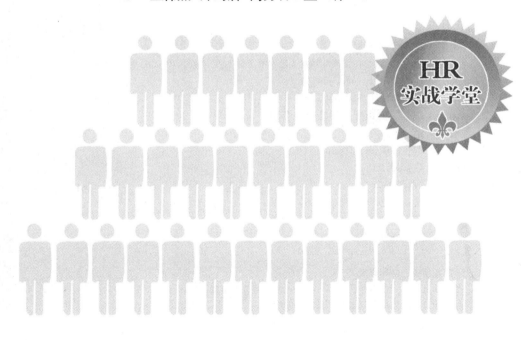

HR
实战学堂

经济管理出版社
ECONOMY & MANAGEMENT PUBLISHING HOUSE

图书在版编目（CIP）数据

"绩"动人心：企业绩效管理实务工作指南/王伟杰等主编．—北京：经济管理出版社，2018.12

ISBN 978 - 7 - 5096 - 6016 - 4

Ⅰ．①绩…　Ⅱ．①王…　Ⅲ．①企业绩效－企业管理—指南　Ⅳ．①F272.5 - 62

中国版本图书馆 CIP 数据核字（2018）第 208236 号

组稿编辑：曹　靖
责任编辑：杨国强　张瑞军
责任印制：黄章平
责任校对：陈　颖

出版发行：经济管理出版社
　　　　　（北京市海淀区北蜂窝 8 号中雅大厦 A 座 11 层　100038）
网　　址：www. E - mp. com. cn
电　　话：(010) 51915602
印　　刷：三河市延风印装有限公司
经　　销：新华书店
开　　本：720mm×1000mm/16
印　　张：13.25
字　　数：203 千字
版　　次：2019 年 1 月第 1 版　　2019 年 1 月第 1 次印刷
书　　号：ISBN 978 - 7 - 5096 - 6016 - 4
定　　价：58.00 元

本书主编：

王伟杰　郑蜀治　高秀君

本书参编人员：

李秋香　徐仁华　侯世霞　张　钧

目　录

第一章 启航篇：企业绩效环境分析

——我们真的需要绩效管理吗

很多企业曾经导入过绩效管理项目，但在改善企业绩效方面几乎并未产生任何作用，反而带来负面效应。为何产生这样的结果？通常缘于对绩效管理项目存在本质上的误解，企业往往是在没有做任何准备工作的情况下，仓促推行绩效管理项目。最致命的是，企业缺少推行绩效管理的必要条件及环境。就如同我们粉刷房屋一样，首先要做好各项准备工作，比如：先将房间里的东西搬空，准备好批墙的泥子粉、批墙刀、打磨砂纸、乳胶漆、滚漆筒等物品，再将墙面打磨平整，最后才进行墙面粉刷工作。所以，完成前期准备工作即是完成了粉刷整体工作的60%。同理，企业事先营造一个良好绩效环境非常重要。

绩效环境，是指对组织推动绩效管理有重大影响的企业经营环境、管理环境、文化环境及企业创始人价值观的统称，这是企业成功实施绩效管理的根基，如果我们不对此高度关注并加以研究就盲目推行绩效管理，将必败无疑！

第一节 中国人的一生都在考评中度过

绩效考评从我们降生的那一刻就开始了，父母为了让我们有一个优秀的人生考评成绩单，起早贪黑为我们的人生布局。在家里，父母对我们的考评往往是惩罚多于鼓励。在学校，考评就意味考试，老师通过我们所犯错误数量来考评我们的价值，老师通常用红色记号醒目的标记出我们试卷上的错误，然后再减去我们的卷面分数。在笔者的那个年代，学生的考试成绩是全部张榜公布在学校的外墙上的，供所有的家长和路人审阅，对学生的压力可想而知。那时，成绩不好的孩子常常等到夜深人静时，偷偷去学校榜单上撕掉自己的名字。

一个人从婴儿开始，从学习吃饭、说话、走路、求学、求职、婚姻、职业发展、退休，甚至死亡都没有离开过考评。准确地说，考评本质上是一种社会现象，而不是单纯的计分行为，特别是我们忙碌的中国人，我们永远活在别人的眼光里和评估之中、相互之间的对比之中，这种攀比的思想严重剥夺了我们的宝贵的快乐、天真的童年和自由奔放的思想，难道真的有小孩子的兴趣是在奥数的海洋里遨游，宝贵的童年乐趣是在补习班里度过？因为父母怕孩子输在起跑线上，教育孩子一生都在和亲人、朋友、同学、同事进行比较，进行人生赛跑，宁愿一生为了事业成功而四处奔波、打拼，甚至远离亲人独在异国他乡承受孤独和寂寞，就是为了在别人看来你是一个有能力的成功者。为了我们的人生在考评中得了一个好分数，我们一切人生苦难都可以承受。

然而，反观现实生活中，基本上我们做的每件事情都基于某种形式的考评工作。

从表面看，我们日常生活中的大部分事情——从早上闹钟唤醒我们起床开始——都是由考评引起的。我们每天花费了大量时间在考评事情上：起床、早餐和上班时间如何规划，保证我们能按时到达单位，而不被罚款；个人收入水平如何衡量（工资、投资、房贷、保险），目前的工资可以保证我们的生活开销吗？可以应对不断上涨的物价吗？购物的方式（比较价格、质量），到底是去大超市还是农贸批发市场，我需要和卖方讨价还价么？上班族所关心的每一天的天气情况如何（温度、湿度），今天的出行和穿衣指数？私家车使用水平（速度及油耗、养护费用），是应该每天都用汽车出行，还是一周用一次。甚至有些在外地打工的朋友一年用车一次，买了车每天放在家里停着，就是为了春节开车回家，堵在回家的路上也很幸福，就是为了让全村人看到你拥有了私家车。还有你的旅行方案（开销、地点、距离），到底是国内游还是国外游，因为看到了别人微信上晒出的行程是国外游，我节衣缩食也要国外游，这才有了所谓低价购物团、宰客团的大量产生及蓬勃发展，因为他满足了市场需求和人的虚荣心理。我们食物的选择（中餐、西餐、分量大小、脂肪、蔬菜），到底是在家里用餐还是去餐馆用餐？如何彰显我的地位和身份，这点在南方人的习俗和北方人习俗有较大的区别，如同吃饭剩菜打包一样，最初是从南方兴起的，近些年才开始流传到了北方；南方人请客吃饭点菜一般会点的正好够吃，但在北方请客吃饭一定要多点几个，即使知道一定会剩下，也要这样做，因为如果你点的菜量正好够大家享用，客人会往往会觉得你做人很小气，连多点一个菜都舍不得，如何还能相处共事？甚至因点菜得罪了客人。最后是小孩子的教育水平（学校类型、考试分数、毕业去向），由于教育资源的不均衡，为了得到优质的教育，父母不惜花费大量的金钱购买学区房产，甚至有的家庭为了孩子的教育事业，母亲不惜辞职对孩子进行长达 10 年之久的陪读，想想小孩子的压力有多大？作为小孩子，你还有不好好学习和不考出好成绩的理由么？如果那样，你将会让你的父母情何以堪？

然而，人们对项目繁多的日常考评早已经非常习惯了，以至于我们都没有注意到它的存在，所以我们通常没有将这些日常考评标记为"考评"。由于考评无处不在，并且已经和我们的人生融为一体了，因此我们常把这些考评认为是理所当然的。

有一位哲人说过："人生如果没有考评和比较的话，从地理位置上看，我们将不确定自己身处何处，或将去何方？我们甚至不知道自己到底是富有还是贫穷，冷还是热，年老还是年轻？是成功还是失败？"想想这位哲人真是说得很有道理，他看清了事物的本质，分析得真是入木三分。

当然，考评不仅仅是衡量人的一生是否成功的一个重要条件，同时还是因为它能够鼓励人们在适当的时间、适当的地点，采取适当的行动去实现人生的梦想和价值。

所以实际上，人们创造出绩效考评是为了推动社会进步。

第二节　令人尴尬的绩效考评真相

在长期的实践工作中，我们深信，恰当的绩效考评可以改变你的工作绩效以及你所在的团队的绩效水平，它不但能告诉你工作绩效有何不足，进而明确你需努力改善和提升的具体事项，同时还能引导你走向所你希望到达的地方，最终指引你的人生梦想实现。

然而，尽管我们明白绩效考评如此重要，但我们大多数人并没有真正认识到考评对我们工作的重要性。在企业里，我们在很大程度上，都理所当然地认为考评是一项高度专业化的技术工作，这个项目应该留给行业内专家、学者、企业咨询师或 HR 专职人员去实现。

但真实的情况往往是，一提到绩效考评，大多数人会想到一些 HR 专业技术方面的工作，比如：建立考评项目小组，设计考评系统、识别我们的工作目标，进而找到有针对性的考核指标；根据不同的岗位特点，我们要找到客观的评估方法，进而准确的评价员工的实际工作表现，收集复杂的、庞大的考核数据、进行计算、分析数据、得出最终的考核分数，计算员工的绩效工资；管理者要向员工反馈他们的绩效成绩，不论是好成绩或坏成绩，并听取员工的反馈意见；管理层讨论如何将员工的考核分数与员工的实际收益挂钩，对员工进行基于绩效成绩的奖惩。

在这个看似一切都很正常，都按标准流程进行的绩效项目中，我们往往忽略了最重要的因素之一：绩效考评的环境评估，因为绩效考评的环境实际上比绩效考评方案和技术更为重要！这就好比我们家长花费高额的代价，逼孩子周末放弃娱乐时间去补习班学习，但我们不会问他们，你喜欢什么？现在的你快乐吗？你想要的是什么？

在企业内真实的情况往往是，大多数的员工一点也不喜欢或信任企业的绩效考评系统，其实这一点也不让人吃惊，尽管大多数的企业领导人相信绩效考评的有效运行在影响企业的经营效果上具有非常重要的作用，但据不完全的调查和数据统计，大约有50%的企业领导人对他们现行的考评系统基本满意，约10%的领导人感到非常满意。甚至就连企业内的人力资源经理或绩效经理也不太喜欢企业的考评系统。人们天生对被考评有着本能的反感！

此外，很有趣的是，绩效考评还有这么一种自我矛盾，尽管很多员工一想到工作的时候会被监督、考评就感到反感和害怕，表现出来的是不情愿，但他们同时认为如果我们进行篮球赛或其他体育竞技比赛时不进行比赛计分是件很可怕的事情，就如同我们开车经过路口没有红绿灯一样。事实上，绩效考评正是在体育比赛运动中唯一最激励人的一个方面，没有考评的体育运动将失去了魅力，那将是多么无聊和不可思议。

但实际情况是，企业中大多数员工都对绩效考评秉持了负面的态度，他们往往认为企业所做考评就是：对少数人的奖励和认可，对多数人的工作表现视而不见，并没有起到很大的正向激励作用，最终也只是对少数犯错的员工进行惩罚的手段罢了。

在一家大公司里，为了做好绩效考评项目，人事部往往每天都要收集成百上千的数据点，并和提供数据部门的管理人员进行工作沟通，以确保他们提供的数据真实、有效、及时，但通常情况下，只有少数几个考核数据能为考评有效实施带来真正的帮助，通过考评来推动部门工作的情况并不多见。

在企业实际运营中，很少有企业采取实际行动来改善考评的环境，老板关注的是最终的业绩结果，而不是过程。所以，如果绩效考评的目的是改进员工表现，推动团队的共同进步，而仅非对员工进行绩效表现等级识别和核算绩效工资数额，那么最终绩效考核的真正效力才会显现。总结一下，做任何事情我们都要记住：不忘初心，方得始终！绩效管理的目的是推动企业和员工共同进步。

第三节　企业经营环境分析：敢问路在何方

一、企业不创新是等死，创新是找死

现在业内流行的一句话：企业不创新是等死，创新是找死！虽然不能说表述得很准确，但从一个侧面反映出中国部分企业面临的生存现状，是多么严峻和尴尬！

中国改革开放 40 年了，机会主义的时代已经逐渐过去，昔日凭借对外部信息优势、资本优势、人际关系优势、发展机遇优势、人工成本优势、国家政策优势、地区发展差别优势等硬实力带来的资本积累和高速发展优势正在逐渐降低或者消失。而现在的中国，人力资源、资源整合、团队精神、创新机制、企业文化等软实力对企业发展的重要性日趋显现，这个新趋势在中国改革开放的前沿阵地广东省表现得尤为明显，笔者在珠三角地区工作 20 多年，见证了它的高速发展、停滞不前、阵痛转型和升级。

特别是最近几年，中国民营企业的生存环境受世界经济形势及国内市场变化的影响，正在遭受巨大挑战，不少中小民营企业出现经营困难，产品创新不足，同质化现象严重，同行业之间进行低价恶性竞争，原材料价格上涨过快，人工成本逐年上升，员工流动率居高不下，产品的市场价格不断被中间商或贸易商打压下降，企业没有市场定价权和议价权，导致企业利润率越来越薄，甚至有些企业利润率不到 3%，做实业还没有将钱放在银行里收益高，出现了做实业不如做投资、做地产的情况。其实，从财务管理学的专业角度看，如果企业的利润率低于银行利率，企业投资方应该选择关闭工厂，解散工人。

企业的困境主要体现在：材料成本上升、管理费用上升、员工流动率上升，企业利润率下降、销售价格下降、品质合格率下降。真是所谓内外交困！

造成民营企业组织生存艰难的原因很多，主要因素如下：

（1）国际经济形势萧条，需求减少和价格下降，最直接的影响是现在的产品报价水平，甚至低于 10 年前报价的 30%，利润空间被严重压缩！笔者在做企业内训时，经常接触一些改革开放之初就创业的老板，他们经常向我提起当年的辉煌，当年外销产品如果出现质量问题时，就算全部把产品砸掉重新做一次，还会有 50% 的利润，那个时代真让人怀念呀！多数在改革开放初期做实业的老板，第一桶金就是在那时赚到的。

（2）由于许多中国企业处于供应链的底端，只是帮国内外的知名品牌企业代工，甚至有的企业只为一家国外的品牌公司做代工，老板只想在市场上挣快钱，没有自己的品牌，更没有设计和研发，技术资本严重不足，企业生存对品牌公司或贸易公司的依赖性太强，完全没有市场定价权；企业运营受市场形势的波动影响非常严重，如果上游企业出现问题，可能导致工厂直接失去所有订单，工厂瞬间倒闭，全厂员工失业，这种情况近几年在珠三角地区偶尔出现！

（3）民营企业开始出现"国企病"：经过多年的发展，企业现在的管理人员中，有些是和老板当年创业打天下的元老级人物，他们掌握企业管理的大权，企业官僚形式严重，机构设置臃肿，管理人员与员工的人数比例不合理，"当官的多过当兵的"，横向沟通不畅，形成管理深井，导致企业对市场变化的反应迟钝，错失发展机遇。

（4）老板的能人文化严重，喜欢任何事情亲自过问，并一手抓到底，对下属的能力和忠诚度不放心。企业管理方式粗放、高层管理者的学历和职业化程度不高，许多企业的部门经理也只有初中文化，导致企业遇到发展瓶颈时，无法进行创新和管理变革。因为这些元老级人物本身就是企业变革的障碍！

（5）老板目光不够长远，对人力资源的重视程度不高，不愿将引进人才和培养人才作为企业的大事并亲自去抓，对人力资源体系建设投入不足，反而对引进设备等固定资产更愿意投入资金！有些企业老板的思想甚至还停留在 20 世纪 90 年代初，认为给员工基本的生活保障就够了，不用让员工吃得更好，或住得更好！从心里看不起自己工厂的员工，认为他们是下等人！笔者在为多家企业进行咨询和培训时，常常看到一种现象，有许多企业主出行都是豪车，在高档场所进行消费，但自己工厂的员工却住10人一间的集体宿舍。广东天气很热，宿舍却没有空调。员工伙食比较差，试问：你都没有把员工当家人，他为何要将企业当自己的家？员工根本没有责任去敬业！

（6）企业在用人方面未广纳良才，创造良好的人才发展平台，为引入更多的职业经理人创造良好生存环境。特别是在用人意识方面，要充分尊重人才。有些老板认为我已经支付给你高薪了，为什么还要尊重你！老板也有压力，骂你几句又有何妨？甚至有些民营企业老板，对高管随意指责和谩骂。笔者的一位好友，是一位资深的品质总监，他曾经表示，我工资的20%就是挨骂工资，所以当老板骂他时，他就在心里面默念：这是付了款的，这是付了款的……就让老板的话随风而去吧……这样心里就不会那么难受了。当一位职业经理人多么不易呀！所以在职场上，情商不高绝对不适合做高管！

二、建议

针对以上制约企业发展种种问题和困难，笔者提出八个方面的建议：

（1）战略规划与解码。重新梳理企业战略方向和竞争策略、明确产品市场竞争策略与品牌定位。当然实现以上管理变革，企业需要引进关键人才去执行。帮别人代加工赚快钱的时代已经结束了，唯有品牌运营才可以使企业长足发展，企业需要重新定位产品组合，进行企业SWOT分析，重新梳理和布局销售市场，引入品牌策划和市场推广专业人才，制定企业发展战略目标。

（2）梳理组织架构。重新梳理组织架构，明确各部门之间的分工与协作关系，最好是梳理组织架构时，将员工的职业晋升通道也一并设计出来，让员工看到自己的未来方向。

（3）权责利对等原则。对于管理人员而言：有责无权，必难尽其责；有权无责，必滥用职权！而有权责无利益分配，必定难以长久合作！企业管理，要首先解决部门职能划分、岗位职责分工、分别合理授权。请不要叫一位被你绑了手脚的人替你完成任务！有些企业的部门总监连10元的现金报销审批权都没有，而老板的办公室门口每天一大早就开始排长队，都是等着老板审批和签字！老板每天如同雍正皇帝一样辛勤劳作，每天加班到深夜审批单据。所以，请设计和完善企业的职责权限分配表吧！

（4）优化组织流程。梳理各部门核心工作流程，在梳理工作中进行具体工作流程优化设计，每一个环节都不要模糊，要清晰明确每一个具体的工作项目的操作指引，明确谁是责任人，谁是工作协调人，从根本上防止员工的错误操作行为！

（5）构建目标体系。引入 OKR 目标管理工具，组织团队成员进行学习和运用，推动企业的进步！并将 OKR 和企业的绩效考核（KPI）相结合，建立关键结果导向、以目标指引企业成功的方向。

（6）企业绩效变革。打破企业的大锅饭分配机制，识别企业内的核心团队及核心骨干成员，让利益分配向这部分人倾斜。这里首要解决岗位价值管理问题、衡量各团队与员工的贡献度。笔者培训过的部分企业，甚至取消传统的年终奖金，改为年度贡献奖金，根据企业当年的经营状况，以及员工的月度绩效考核成绩，还有员工的学习提升与思想进步来设计年终奖金分配方案，不再是人人都享有年终奖金。传统的奖金发放模式毫无激励作用可言，甚至员工认为这是我理所应得的，企业老板欠我的，根本不考虑企业的当年收益和个人对企业的贡献。

（7）培养人才机制。要想提升企业管理能力，必须储备人才和培养人才，设计员工晋升通道，建立人才培养机制，打造精英团队。但是，培养人才不是一朝一夕的事情，需要企业进行长期的投入，短期很难有明显的效果。显然，对于想挣快钱的企业是不适合的，这个模式只适用于有长远发展规划的企业。

（8）企业文化建设。企业文化就是企业在长期的生存和发展进程中所形成的共同价值观、经营理念与行为方式。企业文化主要体现在企业创立者和第一批"打江山"的元老身上，他们就是企业文化的载体，所以在业内流传一句话：企业文化其实就是老板文化，笔者非常认同！

我们要做的是，规范企业与员工的行为习惯、统一价值观，建立共赢思维！比如，联想的发动机文化，企业里每一位管理者都应该是发动机，能够为企业进步输出原动力，主动去开展和推进部门工作，而不是只负责传输动力的一个齿轮，消极地等待公司或上级的命令。

笔者所提供培训服务的企业中有些企业专门编写了企业文化手册，员工人手一册，希望借此办法对企业文化进行传播，对员工的心态和行为产生影响，但收效甚微。

笔者提醒：企业文化建设重在执行、落实！而不是一些承诺、口号、标语等，永远不要把你的员工当傻子，尤其是在当今的社会！

第四节　企业文化环境：创始人是企业发展的核心原动力

企业推行绩效管理，首先要求老板转变思维。

笔者在全国各地培训时，特别在涉及绩效管理的内容时，经常有学员在课后问我：老师，可以给我一些实用的考核表么？我不知有何具体的考核方法衡量员工表现更有效？也有学员提问：老师，我是新任的人事经理，现在正在为企业推行绩效考核，但是，老板想让我从员工现有的工资总额中分拆出绩效工资部分，用于绩效考核成绩的激励，可是这样做还能激励员工么？我甚至担心员工因为排斥考核，进而排斥新来的人事经理？唉，我到底还能做多久呀？

令职业经理人最感到困惑的是老板的思维模式。笔者建议企业老板要从共建的思维，逐步转为共享思维，要让员工共享企业发展的成果。企业已经完成了原始积累，不能只有老板享受企业发展成果，比如代步工具从豪车出行升级为私人飞机出行，但员工的福利水平仍停留在企业创业初期，吃着一荤一素的简餐，住着10人间的简陋宿舍。老板只有改变观念，才能使企业走得更远、更高。比如，华为、阿里巴巴等成功企业，绝不会让老板独享企业发展的成果。所谓财散人聚，做企业就是要聚贤人，比如华为的员工持股计划。解决了员工核心原动力的问题，员工才会心甘情愿地为企业工作、拼搏。笔者认为，如果没有利益关联，谁愿意每天加班加点工作？真的有员工享受加班带来的乐趣吗？

但是，老板也是人，不是超人，他也有正常人的喜怒哀乐！

一位学者曾经说过，企业如果不在培训上投资，就要在经营、成本、竞争力上付出代价。笔者认识的老板也常常向我诉苦，老板过的真不是人的生活。为了企业生存，每天起早贪黑，事必躬亲，如履薄冰。

笔者曾经辅导过广东的一家高科技企业，主要做太阳能热水器产品，企业困难时老板每月要靠私人借款近 600 万元偿还银行到期的利息，老板的心理压力并非一般人可以承受。他曾经向我诉苦，其实老板也是在替员工打工，要按时给员工发工资、奖金，我们要承担社会责任，也不敢轻易放弃工厂，工厂就像自己养大的孩子。老板不敢向员工表述任何困难，怕员工知道公司有困难，快不行了，反而先跳槽走人。也有人说，老板最大的痛苦是，每天早上醒来时发现身边没有一个人可以依靠，却有一大帮人靠自己吃饭，每天早上一睁开眼就欠银行几十万元利息。部分企业的现状也可以描述为：老板太累、利润太低、人才太缺、转型太难、管理太乱。

笔者在与东莞一家知名家具企业老板谈培训合作时，老板生病了仍然上班。记得当时就在董事长办公室，老板左手扎吊针正在输药液，还若无其事地和我谈培训项目的落地问题。笔者当时就被感动和震惊了，年近 70 岁的老板，竟然还这么拼命！笔者和他谈起他的敬业精神时，他说，企业发展这么多年了，早已赚到了第一桶金，现在，做实业压力巨大，工厂的地皮如果卖给房地产公司，我们近五代人都可以享受优质的生活！但是，我们是东莞本地人开的企业，企业从开业时的几个人，发展到今天近 3000 人，政府对我们企业给了许多关心和支持，我们现在要承担社会责任了，这些员工跟了我近 20 年，我要对他们的未来负责吧！不能让他们 50 岁了再去找新工作吧？现在市场环境不好，早就有人劝我关闭工厂去投资其他项目，或将工厂搬到越南，但我拒绝了。企业就是我的孩子，他也许正面临功课不好，或者叛逆、逃学，但是做父母的不能放弃他。

从老板的办公室出来，笔者想了许多，也许这就是中国最需要的，最朴素的企业家精神！

但是，即使有这么多苦衷与困惑，又有多少老板能做到企业利润与社会责任的平衡、企业利润与员工利益的平衡？又有多少业务型、技术型的老板注重学习成长、管理创新、发展规划呢？

笔者在培训工作中接触了许多企业老板，总结市场上最常见的四种类型的老板：

第一种是读书无用论的忠实粉丝。他们说到培训就反感，认为员工学习是无用的。自己不学习，也不会安排员工去参加培训与提升，他们常说"我自己也没有读过书，还不是开这么大的企业，员工学多了留不住，搞不好是钱花了，人也走了"。看到培训师就像看到传销人员，很反感。

第二种是认同培训学习是有用的。他们自己不爱学习，认为学不进去，但很乐意安排员工去学习，这种老板常说"我什么都懂""我年龄大了还学什么"。愿意花费用送员工去学习。

第三种是老板特别爱学习和提升，每年给自己的培训安排得满满的，有终身学习的思想，一年花费数万元甚至数十万元也毫不在乎，全年有一半时间在学习，但不让员工学习，不过哪里有免费的培训就让员工去听，并要求回到公司分享知识。

第四种是不仅自己爱学习，也积极推动下属员工去学习，他们致力于打造学习型的组织。企业同多个培训机构或讲师有长期的合作关系。笔者曾经任职的一家广东高科技企业老板就是如此，从周一到周五，每天晚上的学习活动都安排得满满的。每周一晚上固定是总裁大讲堂，由老板亲自对管理层授课，老板准备得很认真，总结自己在外面学到或听到的新知识、新理念，回到公司进行传播。周二到周五是各部门组织内部培训，人事部除了内部组织学习外，还要去巡视各部门晚上的学习情况。推动团队学习真的很难，老板很辛苦，这种老板都高度敬业，认为吃饭和睡觉都是在浪费时间，厌恶所有的娱乐项目。他们最崇拜的就是华为的总裁任正非。当然，现在越来越多的企业开始关注老板与管理层一起学习，打造学习型的组织。

对于那些年纪偏大、思想保守的老板，为了使企业基业长青、永续经营，笔者建议高薪聘请职业经理人或与咨询公司合作，为企业输入新鲜血液、新鲜思想，特别是聘用管理思想与自己不同的人，才能与自己进行知识、性格等结构性的互补。

成功的企业家李嘉诚曾说：我12岁做学徒，15岁挑起一家人的生活担子，再没受过正规教育。我非常清楚，只有努力工作和求取知识，才是我的唯一出路。有一点儿钱我都去买书。知识并不决定你一生财富增加，但你的机会会随之增多。创造机会才是更好的途径！你不学习，你的竞争对手在学习。

笔者结合近 20 年的企业 HR 管理工作经验和对企业咨询、培训的实际经验，给企业家们提出四点忠告：

（1）智慧要分享，利益要分配，有舍才有得。

（2）把企业浪费的钱分给员工，员工会帮你减少浪费。

（3）关注企业管理体系的建设，从人治，到法治。

（4）打造企业文化，员工敬业要靠机制！

生意人关注眼前的个人利益，而企业家要面对未来以及员工的共同成长。稻盛和夫《活法》中一段话很经典：企业家精神，就是指有矢志不渝的决心、勇气、毅力去直面危机与困难。

第五节　企业管理环境分析：人力资源从业者为什么总有失落感

一、新形势下人力资源从业者的角色定位

新时代下，企业的 HR 如何对自己进行角色定位，真正成为核心人物，并为企业发展贡献价值？我想，这是每一个 HR 都关心的话题。但是，在企业内的真实情况是：干活有 HR，被投诉和挨骂也总是 HR，但升职加薪时却被遗忘？这是为什么呢？

首先，人力资源从业者应定位自己的职业与角色，要明白你存在的价值，明确 HR 部门存在的价值。请思考一个问题：你能为企业带来什么？企业凭什么要给你高薪？

多年以来，人力资源从业者一直被认为是这样一个角色，夹在老板和员工之间两头受气，左右为难、压力巨大；也有人认为 HR 是双面人（无间

道）。笔者也很认同双面人的角色称谓，因为我们在老板面前要代表员工利益，要代表员工说话；但我们站在员工面前要代表老板利益，要代表老板告诉员工企业的困难所在。

为了成为业务伙伴，HR需要转型，让时间向价值增值性工作倾斜

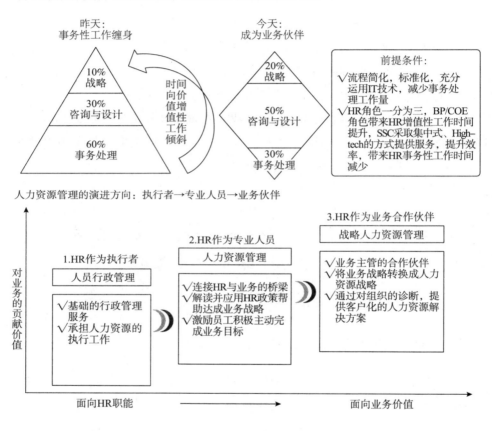

图1-1　角色定位

目前，企业内的 HR 存在以下客观现状：一是职业化程度低，大多数的 HR 是半路出家，大学学的专业并不是人力资源管理；二是专业化程度低，对人力资源管理知识的系统研究不足，也不愿去学习提升，做的 HR 工作始终停留在表层，没有从深层次上去研究和解决企业遇到的 HR 问题；三是职

业忠诚度低，HR 职业是流动性较大的职业之一，当然，这并不能完全怪 HR 从业者，笔者认为没有愿意频繁跳槽的职业经理人，大多数的跳槽者都充满了无奈。频繁离职的主要原因如下：

（1）认为做人力资源管理的门槛很低，没有什么技术性而言，谁都可以做好。

（2）人力资源管理在公司不被重视，人员配置从来都很紧张，要处理大量的繁琐事务，而且老板很少听他们的建议。

（3）总是做检查工作、员工罚款、炒人这些得罪人的事情，每天精神压力很大，实在是不喜欢做下去了。

（4）没有职业发展机会，入职几年职位没有变化，工资水平变化也不大。

通常人力资源从业者有三种负面思路：一是不愿意深入学习、研究专业领域知识；二是不愿意进行管理变革和承担责任；三是不愿意将 HR 作为自己的终身职业，有做一天和尚撞一天钟的想法。

在这个问题上，我认为人力资源从业者在思维上、观念上、心态上都必须转变。HR 首先要自强，不能活在别人同情的眼光里，要凭借自身专业实力去证明自己。同时，HR 管理者必须要有强大的内心，情商和逆商也要高于常人，要能够在没有任何指导和激励的情况下做好本职工作，哪怕被人误解和中伤，也要坚持工作原则，心里要有一条职业道德底线，永远遵守和坚持！

当然，我们也要清醒地认识到以下客观问题的存在，这样才能更好地完善自己。

（1）当下，企业的竞争就是人才的竞争，每个老板都重视人力资源，关键看你的个人能力是否能引起老板的关注与支持。笔者记得一位培训界的大咖讲过的一句话：不是培训没有用，是你没有用！多么警醒世人的话呀！做培训就是要激活学员的信心和原动力！

（2）人力资源部门的最核心价值是"核心人才获得""激励机制建设"，而非日常行政后勤琐事。作为 HR 管理人员要懂得聚焦重点工作，因为人的注意力和精力是有限的。

（3）很多老板在外面听过 HR 管理课程，自认为懂得人力资源管理，所以我们必须在些关键问题上表现出专业的意见，才会让老板刮目相看。

（4）做人力资源管理方案或费用预算时，要有深度，要有全局观，不能只站在人力资源部的立场下，要站在全公司的层面上考虑事情。

（5）虽然 HR 经常会被老板批评，但我们必须喜欢这个职业，心态要好，因为只有喜欢这个职业，你才能做好它。HR 要有韧性，具备不屈不挠的精神！

二、人力资源管理者的生存之道

人力资源部经理要想在企业有所建树，必须获得相关部门的支持，特别是业务部门和生产部门、研发部门，每一个 HR 经理都应该是一位沟通高手，且情商、逆商极高，此乃人生和事业成败的关键！

职场小故事：内心不强大，做不了 HR

笔者早些年在企业工作时，一次猎头公司推荐我去一家广东民营企业任 HR 经理，这个企业经营模式是传统的代加工模式，企业没有自己的产品和品牌，帮客户贴牌生产产品，企业赚一点加工费。经过和企业老板、总经理等人面谈后，双方感觉很好，我也认为这是一个很好的职业机会。当时，没有同对方深入交流企业所面临的问题以及 HR 部门现状，只是基于双方良好的沟通氛围，就如约入职了。

我第一天上班，一大早开车进入工厂大门时发现一个奇怪的现象，近千人的公司没有一个人戴厂证。这种情况在工厂是非常少见的，马上就引起了我的注意，我找来保安队长，问："所有员工你都能认识吗？外厂人混入工厂如何识别？工厂如同菜市场么？"老队长有十多年的工龄了，他说："管不住呀！不只是车间一线员工不戴厂证，很多管理人员都不带，我们也没有办法。戴厂证的制度曾经执行过一段时间，结果无疾而终，我想管也得不到上级领导的支持……"我默默地看着他一脸无奈的表情，无语……

没有想到的是，更严重的问题还在后面。第一天上午，我作为新任 HR 经理和部门同事开了一个见面短会。人事部目前只有一位主管负责管理部门的日常事务。在会议上我承诺，团队做出成绩时，我将会为大家谋求更好的薪资和福利。如有任何工作上的困难或问题都可以告诉我，但没有人提出工作上的问题。会后，人事部一位负责考勤的小女孩，慢慢走进我的办公室，小声告诉我：郑经理，你好！我是负责工厂考勤事物的文员。我们全公司有近 30% 的人上下班是不按规定打卡的，还有近 30% 的人即使打了考勤卡也不完善。他们每天都缺卡，事后也不会补卡，我不知道他们是迟到了，还是忘记打卡上班。她统计了一下，大概有 600 多位员工（60%）的员工考勤是异常的，这个情况困扰她很久了，她不知道该如何处理？如果按真实考勤记录来核算员工工资，他们只能领到现在工资的 50%。如果这样做，他们一定会找我大吵大闹，我只是个小文员啊……我马上问她，你们以前的人事经理不管此事么？小女孩一脸茫然地看着我，一言不发，我再次陷入无语……

我一个人沉思了许久，想想在入职前面试环节时，我和公司总经理大谈绩效考核和薪酬激励机制，人才梯队建设和企业文化的构建等宏伟蓝图的豪迈场景，恍如隔世，现在自己都觉得可笑。我突然醒悟，我关注了过多为企业锦上添花的事情了，但真实的情况却是，这座大厦目前还只是一个地基呀！摆在你面前的是一个巨大的土坑，而不是一座已经盖到 80 层的摩天大楼！人事管理的基础工作都没有执行到位。我心里明白，考验新任人事经理的环节开始了，全公司的人，包括老板都在拭目以待，等待我的精彩表演或者黯然谢幕离场。职场上迎接空降兵的仪式里，我认为从来没有鲜花和掌声，只有职场生存的战争！当晚，我躺在公司的简陋宿舍的床板上，辗转反侧，无法入睡，脑海中不时浮现出：海燕在乌云滚滚和波涛汹涌的大海之间自由飞翔的画面，就让暴风雨来得更猛烈些吧！

第二天，职场博弈正式开场。我一上班先找考勤文员办理了一个厂证，并郑重地戴在胸前，然后去拜访各个部门负责人。首先要去的当然是生产部。在企业中，生产部是核心部门之一，也是员工人数最多的部门，人事部的许多工作都需要他们给予支持与配合。生产部的经理是一个小个子，人很精神，讲话语速很快，很热情，给我的第一印象是一个心态积极的人，我心中不免暗喜，也许碰到了贵人。

在我和生产经理的交谈中，他告诉我许多公司的历史故事，以及企业的人际关系情况，甚至老板的思维模式，还带我到生产线上参观生产流程，并介绍公司的产品和生产部人员配置情况。最后，我向他征求对未来人事部门的工作期望，他告诉我过去人事部门的失败表现，提出了他对人事部的期望和建议，并表示会全力支持我的工作。面谈结束后，我向他表达了真诚的谢意。随后，又去拜访了工程技术部、业务部等部门。

当天我到各部门拜访时，发现大家都用异样的眼光看着我，因为全公司只有我一个人戴着厂证，我像一个异类在厂里游荡。因为，连人事部门也没有人戴厂证，我并没有指责他们，我知道他们也在观察我，第二天的拜访工作顺利结束了。

第三天一早，我临时召开部门会议，大家均准时到了，人事主管坐在我的旁边，他是一位年近40的中年男人，身材胖胖的。根据我多年的从业经验，只看他的面相就知道他是一位老好人。我语气坚定的对大家说：人事部过去的表现，我不知道，也不想知道！我只知道在职场上，面子是别人给的，脸是自己丢的！江山和尊严都是靠我们一起去打下的，不是靠别的施舍和怜悯。我的团队不需要老好人，更不需要不敢管事的人，我需要的是敢于承担责任的同事，不怕得罪人的HR同事，不能接受此观点和工作要求的人，请你会后就提出离职，我今天就安排你离职，一切手续按劳动法有关规定来处理！他们听到我这样说，面面相觑，无人发言。我停顿了10秒，用目光扫视了一下大家，继续说：其实，总经理在我入职前，就承诺我可以带1~2位我以前公司的老同事一起入职来改造人事部，我当时就拒绝了他的提议，我认为你们是可以做好本职工作的，只是没有人带领你们去作战！请问，你们自己有信心和我一起战斗么？我的发言迎来了热烈的掌声回应！这时，我提出了上任后第一个工作要求：请你们从今天起全部戴上厂证，我们是公司的纪律执行部门，要给全公司做榜样的，如果连我们自己都未做到的事情，我们如何去要求别人做到？听了我的要求，大家一致同意。我同时也嘱咐考勤文员，会后停下手头的工作，先给人事部每个人办理一个厂证。听到我的话，胖胖的人事主管慢慢从口袋里拿出一个厂证，急忙告诉我：不用给我办理了，我有厂证，说完就把厂证戴到了胸前，我赞许地看了他一眼，点了一下头。心里面说：配合就好！终于，从第三天开始，人事部全体佩戴厂证。当全厂员工看到人事部的同事佩戴厂证时，感到目光惊讶，他们也许在想人事部怎么了，集体有病么？昨天新来的人事经理看起来有病。我心里很高兴看到他们的眼神和表情，也很感谢我的团队成员对我的支持，我在心里默念：战争要开始了！

　　第四天，我起草了关于严格执行员工佩戴厂证的管理规定，并得到了总经理的批示，他批了文件后，语重心长地告诉我：大胆去做，支持我的任何行动！这件事情他们早就想做了，但没有人能执行到位。在当天上午的管理层会议上，总经理也少有地列席了会议，专门讲了戴厂证的新规定，要求全体管理人员带头执行，并让我会后给他也办一个厂证，以示支持。我在会上也对新规定进行了解释和宣传，希望获得管理层的支持！会后，我安排人事主管把新规定复印数份，发给每一个部门主管和经理，并让他们亲自签收。根据我的职场经验，发邮件的效果最差，他们甚至不会去看邮件通知，我认为最好的沟通就是面对面！我给了他们三天的执行新政缓冲期，我们为没有厂证的员工集中进行补办，从下周一开始正式执行新规定！

　　第五天，我一上班就去拜访生产经理，并约他晚上共进晚餐，推行新政我真的太需要获得他的支持了。他很爽快地答应了邀约，并主动帮我约负责管理公司运营的副总经理一起共进晚餐。对于新任人事经理而言，能够快速同公司核心人物深入交流并建立友谊，是求之不得的事情。我向生产经理交流了我的工作思路，生产部是公司最大的部门，希望他能够带头支持人事部的新政，他当即表示全力支持！他的态度，让我很感动！

　　新的一周开始了，这是新规定正式执行的第一天，我提前40分钟赶到工厂，工厂是8点上班，这时员工还没有上班。我安排保安队长在厂门口放一张桌子，一个本子，由保安队长负责登记没有戴厂证的人员名单，大门口安排两名保安把守，未戴厂证的人员一律先行登记，方可进入工厂。来上班的员工远远看到我们一字排开的阵式，知道人事部开始动真格的了，员工们都很配合。我和保安同事站在一起执勤，同事们看到新来的人事经理亲自抓纪律，非常受鼓舞，早上我们登记20多人未戴厂证，其中有位5管理人员。我们不论职位高低，一律通告处罚，第一次给予警告并罚款10元！再犯者处罚加倍。1个小时后，处罚通告得到了总经理的批准。人事部通过邮件和宣传栏的形式进行全厂通报。入职后的第一场战役，胜利结束，全厂员工开始佩戴厂证。

您也许觉得这只是一个小事情，不值一提，但当时它的意义是向全厂员工释放一个重要的信号，人事部不再软弱可欺了！此项工作的落地执行，为未来的项目工作开展建立了信心！我很开心地回到办公室，召集人事部全体同事开会，我环顾一周，微笑着说：初战告捷，今晚团队聚餐，我请客！

总结，新时期对 HR 从业者的要求已经上升到新高度，如果你还停留在过去的传统 HR 管理思想，必将被社会和时代所淘汰。笔者结合多年 HR 管理从业经验，总结出七项胜任力：聚焦客户、理解业务、认清问题、建立关系、结果导向、有效创新、专业能力。

（一）聚焦客户

就是用户思维、体验思维，归根结底都是客户思维。

原来人力资源的组织架构，都是职能式的，以自我为中心，从来没有考虑过企业中人力资源部门应该服务的客户是谁？我们只是职能部门的管理人员，谁违反了公司规定，我就去处罚他，我在企业就是唱黑脸的，这就是我的工作。

但在追逐组织人本效益最大化的今天，人力资源部已经不仅仅是管理部门，还具备服务职能。

人力资源的客户，不仅仅是员工，还有业务经理、公司高管，甚至总裁、老板等。但是，有多少 HR 能把员工当成客户，真正站在员工角度考虑问题？

聚焦客户不是简单地迎合，而是让客户满意，与客户间建立信任和黏性，才是真正的聚焦客户！

（二）理解业务

理解业务，识别痛点，能够针对业务的痛点，提供人力资源整体的解决方案，还要了解所负责的业务内的知识，例如业务战略、竞争对手情况、整个运营模式以及核心竞争要素。所以，华为曾经派业务部人员接管人力资源部的工作，就是要让 HR 团队理解业务运作模式。甚至某企业进行管理变革时，派生产部的组长去接管行政部门的工作，可见企业对行政部的工作有多么失望。我们不要等到了被接管的那一天，你才开始思考自己的工作水平。

（三）认清问题

认清问题有三个层面的意思：

第一，是你的问题还是别人的问题？我们往往会说别人的问题，但请问，别人的问题你能解决吗？从解决问题的角度看，首先要分析自己的问题，从自身角度剖析并解决才是最有效的。当然，别人的问题不是不可以提，而是要先看自己，再看别人，给别人提建设性的意见才有价值。我们找别人的缺点总是很准确，但对自己部门的问题却总是视而不见。所谓知人者智，自知者明！

第二，是现实的问题还是演绎的问题？我们很多时候会说一些话，比如某个员工会对领导说，大家都认为他/她不好，如果遇到这种情况怎么办？我会把它转为现实的问题，即请问大家是谁？都有谁说了他/她不好？具体哪些不好？有什么事例证明吗？这样的问题都不可能找出有效的解决方案。于是，我们要经常自省，我们问的都是现实的问题吗？HR 要学会识别问题的真伪，对于无端制造问题的人要慎重对待，小心处理。HR 要组织打击在企业内造谣生事、无端中伤他人的员工，要倡导说实话、办实事。

第三，是将来的问题还是过去的问题？"原来"已经是过去式，我们要以发展的眼光看清未来。所以，在分析问题时，我们要看清楚，到底哪些是对未来产生影响的事件，如果这些问题真正找到了，并解决了，才能给企业经营带来真正有意义的帮助。

（四）建立关系

中国是一个人情社会，想做一个好的 HR 管理人员，一个必备条件是要有好酒量。根据我的职场经历，认为这并非是笑谈。

尤其是你在酒文化盛行的地区，不能和相关部门管理者们拼拼酒量，怎么可能和相关部门的同事建立信任？进而获得他们的工作支持？哪怕你不胜酒力喝倒下，也足见你的诚意！笔者在企业做咨询顾问时发现一个现象，官职越大的管理人员，酒量越好，性格豪爽、沟通顺畅，特别是在北方地区。南方地区的文化不同，拼酒的不多，HR 选择除了喝酒，还可以喝茶、打球、爬山等，总之你要有一个爱好，方便你和相关部门的管理人员建立私人友谊，这才是重点。

但酒肉关系只是初级的关系，如果要真正赢得信任，必须为业务部门创造价值，一定要关注利益相关人的想法，并采取支持性行动，才会赢得对方的信赖。

在企业里，每当我们推动一项新的项目工作，总会涉及很多人的个人利益，比如绩效管理项目，会涉及的利益相关人并非仅限基层员工，还会涉及中、高层管理者，乃至总裁、董事长。

不同层级的员工对一件事情的诉求往往不一样，员工不希望推动绩效管理是为了扣他的钱；中层不希望拍脑袋打分还要硬着头皮去做绩效面谈；高层不希望这只是一个形式……HR 希望什么？通过绩效考核证明我们存在的价值么？

于是，当人力资源部门推行一个新项目时，一定要想清楚：这个项目对各层级的价值是什么？影响当事人配合度的原因是什么？他们会欢迎这个变革么？如果有问题，你有解决方案吗？还是我们不管其他人的想法，唯我独大，一道命令下达，将它硬推下去。这是不同的管理思维和理念。和业务部门建立关系，就一定要其感觉到我们是有价值的，是在帮助他们进步的。HR管理要向水一样，水无形但润万物。最终，我们要让职能部门离不开我们的支持，依赖我们的团队。

（五）结果导向

有业务部门评价 HR 部门做事是雷声大雨点小、虎头蛇尾，都不知道 HR 部门每天在忙些什么？人力资源工作一般在短期内很难出成效，在推行中往往会受到质疑，令人有较强的挫败感。

究其原因，其实是做事时没有"以终为始"的思维模式，没有真正从业务角度出发，没有预测到过程中会发生的问题，以及利益相关人的想法和需要。

HR 容易犯的通病是，做事做给自己看，自我陶醉、自我欣赏，做事以自我专业为核心目标，以为这些专业可以帮助业务部门解决问题。殊不知，没有摸清员工需求，很多事就事倍功半。

为什么很多人从业务部门转做 HR 能做得不错？原因是他们了解业务，善于整合资源去推进业务，以解决问题为核心目标。

HR 存在的价值是什么？是专业的呈展还是帮企业解决问题？从企业发展的角度来看，解决问题是王道，助力业务是王道，推动战略是王道！

（六）有效创新

由于时代不同，机遇不同，产品不同，因此，把其他企业成功方案抄过来的做法将不复存在。"拿来主义"的弊端是，你很难说清其中的逻辑，以及设计者的想法和遇到的问题，因为细节是魔鬼，你可能根本无法准确理解和应用，而且每个企业的机遇也不一样。于是，当企业老板挑战新任 HR 时，你可能就无言以对，不知所措。

比如，空降兵满腔热血地将原来企业运用的有效管理工具及管理经验在新的企业中推行，但往往推行不下去，出现严重的水土不服。

其实，很多 HR 从业者并没有认真研究过其所以然，自己对 HR 专业技术也是一知半解，于是在企业推行的过程中，困难重重。

由于任何一种方案没有绝对的好与坏，只有适合与不适合的问题。所以，不经思考、不做结合企业的价值性创新工作，其方案是毫无用处且徒生烦恼。

（七）专业能力

HR 从业者为了应对新时期对我们专业能力的要求，必须要有终身学习的思想，许多传统的管理工具或理念可能已经失效，作为一名 HR 从业者唯有保持谦虚谨慎的心态，不断学习以提升自己。在实际工作中，要保持和外界的交流，随时获取新知识和新理念，以更高的水准要求自己，方能使我们立于职场不败之地。

三、直线部门经理应该扮演的角色

首先，我们思考一个问题，在企业里的各直线部门经理、主管为什么也要成为人力资源管理专家？为什么也要学习人力资源管理知识、方法和技巧？企业不是已经有 HR 部门了么？现实的经验告诉我们，这些是直线经理和主管们必须做的事情，不是可有可无！

传统职业分工的观念给许多职业经理人传达了一个错误的认知，那就是我只要专注做好自己的专业、技术方面的工作，就是胜任岗位的要求了，至于人力资源管理方面的工作由人力资源部门统筹管理就行了。他们往往认为，我的部门业务工作已经焦头烂额了，招聘、培训、激励、处罚、解雇员工方面的事情，统统交给人力资源部就好了，这方面的事情请不要来烦我。这种观念在高新技术企业尤为突出，工程师和管理人员的冲突也时有发生，部门总监、经理往往都是高级知识分子，做事风格温文尔雅，对待不听话的下属也无可奈何。

笔者曾在广东一家高新技术企业任 HRD 时就深有感触，我记得当时一位软件部门的技术总监，他具有博士学位，说话很温和、友善，对于不听话、违抗命令的下属工程师却无能为力，甚至知道下属在上班时间做私活，帮其他企业设计产品，也不敢去管，只能向我求助。我收到他的求助信息后，立即打电话通知当事人到人事部来谈话，同时，我通知保安队长去收掉该工程师的电脑主机。这时，工程师到了人事部办公室，我请他入座，他高傲地坐下了，一脸的不屑。我想他从来就没有把人事部放在眼里，我立即告诉他他的行为可能已经涉嫌违法，我们已经收掉了他的电脑主机，会做进一步的检查，他目前停止工作，但每天需要上班，接受公司的进一步调查。他惊呆了，一句话也说不出来，嘴唇颤抖着。我停了 30 秒，继续说：公司高层对此事非常恼火，要求追究到底！必要时会报警并追究他的法律责任，这位工程师听到我的这番话，思考了几秒钟，随即表示自己可以辞职，希望公司不要再追究此事了。我说可以，同时提醒他是签署了保密协议和竞业禁止协议的。我拿出了准备好的辞职申请书，请他当面填写。当我把这个消息告诉技术总监时，他马上露出了会心的微笑，紧紧地握着我的手，真是此时无声胜有声！

这就是典型的部门经理的人力资源管理不到位的案例。

很多职业经理人都是典型的"瘸子"：懂业务、懂技术、熟悉产品流程等，但就是不懂自我管理与如何带领团队。而公司偏偏要把他放到团队管理者的重要位置，因此人力资源部、上级管理者就成为他的担架、拐杖、救火员、保姆等角色。企业如果不重视对非人力资源部门管理者的训练，最终将影响到企业的团队建设和业务发展。优秀的企业从来就没有停止过对各直线部门经理、主管的教育和训练。笔者也是富士康集团的认证讲师，非常认同他们对员工的培训模式。富士康同时也是一家值得尊敬的企业，他们非常重视员工培训，人力资源管理系列课程被列为各部门管理人员的必修课，作为他们将来晋升、加薪的考核标准之一。以此推动管理人员的学习热情和积极性。

进入 21 世纪，许多企业总经理、决策者开始意识到，招聘管理、绩效管理、团队管理、劳动关系管理不再是人力资源部门的事情，而是大家共同肩负的责任。图 1 - 2 是部门管理者的人力资源管理职责。

图 1 - 2　管理者的人力资源职责

四、企业绩效经理面临的挑战和职业风险

在职场上，新任绩效经理、主管往往是职业风险最高、最"短命"的岗位。我相信每一个新任的职业经理人在入职企业前均经过了慎重考虑，但是，为何会出现这种情况呢？归根结底，就是入职前双方没有很好去了解对方。一方面，当然是企业选人不准确，没有将岗位胜任力模型和求职者的素质进行精准的比对；另一方面，是求职的职业经理人也没有准确识别岗位的要求，并进行客观的自我评估就匆忙入职了。当然，如果我们站在职业经理人的立场上去考虑问题，也许他并没有错，他只是想找一份工作，有一份收入，他有养家糊口的责任。

但是，笔者作为资深 HR 职业经理人，也想给朋友们一些专业建议。首先，作为职业经理人要懂得识别老板释放的信号，特别关注他在面试时对你说的每一句话，都应该留心倾听，防止他话里有话，有弦外之音，老板的表述可能另有用意，你最好当面询问清楚。另外，要根据企业的客观情况做出是否入职合作或离开的判断。面试时请不要在老板面前吹牛，承诺一些你不能完成的工作任务。请你不要忘记，老板是人中之龙，他有能力去识别你的综合能力，他只是需要一些时间罢了。

特别是新任绩效经理，为何通常过不了试用期，因为没有准确识别老板的信号，即老板对你的期望值是什么？或者你没有在试用期内做出成绩。绩效经理新入职一家企业，通常老板均会要求你尽快启动绩效管理项目，你必须立即对企业的绩效环境进行评估，两周内向老板提交绩效环境评估报告，报告里要有改善建议，最好有实施方案或行动计划草案，这才能体现你的专业性和思维高度，因为一个好的绩效管理方案是会推动企业进步的，这正是你存在的价值，如果还没有做具体的绩效管理执行方案，老板就看出了你的专业能力，这不是很好的事情么？老板希望他请的职业经理人要有思想，有独立开展工作的思路。不能人云亦云，不能等老板来告诉你应该做什么？请千万请记住，你不是他的助理或秘书，你是一位独立职能部门的经理，你要敢于提出你的想法，否则，也许从你入职那一刻起，就已经为你的黯然离职埋下了伏笔。

　　笔者曾经在广东省某知名家具集团任职 HRD，我永远记得入职前和老板的对话，当时猎头公司的推荐人也在现场。我们见面的地点是一家咖啡厅，咖啡厅里灯光昏暗，音乐悠扬，老板说企业以前只重视机器设备投入，甚至请了专业工程师在企业制造专用设备，但对人力资源方面不够重视。他说现在想明白了，只要招聘一名厉害的 HR 总监就可以了，就能帮他解决所有关于人的问题。我当时听了他的话心里一惊，他是希望我一个人去搞定 HR 的所有事情。我告诉他：我一个人力量不够，请问公司现在有 HR 团队吗？他说：目前没有，只有两个人在负责行政后勤事务，你可以入职后自己去组建。我接着说，那您可不是招聘我一个人呀，是要重建一个 HR 团队，费用可不少呀？他想了一分钟说：可以。听到他这样说，我的心总算放回了肚子里，但不知为何心里总有一点隐隐的担忧。后来我成功入职这家企业，也证明了我当时的担忧并不多余。入职后，所有企业人员管理方面的事情，我都要负责，甚至包括每年企业参加国际名家具展会的现场人员调配和监督工作，从布置展会的人员组织，现场施工人员的安装进度、吃饭、车辆，一直到展会结束撤展的具体工作，全程需要跟进，有时一个月也不能休息一天。在此，笔者奉劝各位朋友们，要特别注意明确老板对你的工作期望，许多创业型的老板都期望 HR 管理人员要深入基层，亲自动手参与具体工作，绝不是只策划方案和指挥下属去工作。

五、绩效考核不是万能药

　　绩效考核不是万能药，不能包治企业百病！

　　在每一家企业里，都存在许多的问题需要我们去解决。但是，如果是老板思维和企业价值观问题，产品市场定位问题、外部经济环境问题、组织结构问题、行业发展问题、人才适配问题等问题，绩效考核是不能解决的。企业老板希望绩效考核解决所有的管理问题，是不现实的。所以，要先识别企业面临的是什么问题，再进行分析并做出有效的决策。绩效考核只是一个激励工具，它并不能从本质上解决所有问题。比如：若是组织结构的问题，导致管理混乱和职责不清，那就要重新设计和梳理组织结构，进行部门职能划分、岗位类别划分，职责权限划分，完成以后再进行绩效考核。另外，如果是人和岗位不匹配，最直接的方式是换人，而不是通过绩效考核去改变他、提升他。我们应该避免用绩效考核方式去证明一个根本不合格的员工，这样的做法管理成本太高。企业决策层要从根本上发现企业存在的问题，并着力去寻求解决之道。

第六节 识别员工到底想要什么

一、员工的需求层次分析

首先，我们要识别员工的需求和心态，才能制定出有差异化的考核和激励方案。

根据美国社会心理学家马斯洛提出的"需求层次论"，人人都有五种需求：

（1）生理需求。这是人们最原始、最基本的需要，包括休息、吃饭、穿衣、住房、结婚等。这些最低层次的需求，如果得不到满足，员工的生存就成了大问题。笔者在广州、深圳、上海等地讲课，了解到许多学员朋友的工资在4000元左右，公司不免费提供伙食和住宿，这种工资水平仅仅能够支持他们最基本的生活水准，基本上就是月光一族，来听课的学员朋友们大部分住得很远，甚至单程坐地铁都要60分钟，均住在远郊，每天要花大量的时间在上下班的路上。面对一线繁华大都市的快节奏和高物价，人们生存不易，也许正是因为不甘于这种生活状态，才推动他们积极地学习和改变自己的人生现状。

（2）安全需求。要求劳动安全、职业安全、生活稳定、未来有保障等。安全需要比生理需要高一个等级，当生理需要得到满足以后就要保障这种需要。比如：企业提供长期的雇佣合同，为员工办理社会保险和住房公积金，有些企业甚至为管理人员额外提供商业保险和高规格的年度体检；也有为员工的小孩子入学、入当地户口提供帮助，这些措施都可以增加员工的安全感。

其实，中国人太缺乏对未来生活保障的安全感了，往往对自己的未来生活充满了担忧，所以要拼命地攒钱和投资。笔者多年前在一家瑞士投资的企业任HR 经理时，接触了许多外籍同事，他们许多人一生不结婚，甚至即使结了婚也不生孩子，我问他们：你们老了怎么办？他们的回答让我吃惊：我们的国家有许多社会机构开办的养老院，我们老了都会去那里养老，而且费用很便宜，国家要承担这个养老的责任。他们在中国的月薪很高，每年的收入基本上都花在旅游或做自己喜欢的事情上，他们没有存钱的概念，也没有买房投资的概念。笔者认为外国的同事，他们是为自己活的，生活的品质很高，而我们是为别人活的，活得很累。中西方的文化差距确实很大，我们看不懂他们，他们也看不懂我们。

（3）社会或情感的需要。人是社会的一员，需要友谊、爱情和群体的归属感。这是指个人渴望得到家庭、团队、朋友、同事的关怀、爱护与理解。比如，企业的氛围如何，是和睦、关爱、亲切的互助氛围，还是相互防卫、猜忌、攻击、多疑的氛围。比如：笔者早些年曾经在广东一家台湾企业工作，大陆的经理和主管们的私人聚会，例如下班后一起去厂外饭店聚餐都会让老板觉得不舒服，他很想知道你们聚餐时在说什么？为什么管理人员会私下聚在一起？是否在协商一些对公司不利的事情么？甚至要求公司的保安队长，对工厂管理人员出入工厂大门的时间做好详细的记录，以及同行人员的名单也要记录好，并定期送给老板审阅。那个时代的保安队，通常是由老板直接管理的，可见地位有多高。到后来，企业的这种氛围愈演愈烈，导致大陆的管理人员很少进行私下的沟通，如果需要私人聚餐，也是故意相互错开时间离开工厂，大家到了厂外再进行集合，避免有人看到会说闲话，搞得我们管理人员一起吃个饭还要回避本厂员工或熟人，和电影里的"地下党"接头一样神神秘秘。

（4）尊重的需求。是指员工希望自己保持自尊和自重，并获得别人的尊敬，得到别人的高度评价。通常也指别人对自己的尊敬、表扬、注意、重视和赞赏。请问您的上司尊重您吗？

笔者在职场人做到高级职业经理人时，才越发觉得企业对员工的尊重是多么的重要，如果一家企业给你很高的薪水，但老板不尊重你，那是一种怎样的感受呢？职场有一种管理行为，被称作职场冷暴力，就是老板对你视而不见，对你的提问不置可否，对你的工作也不予评价，不知朋友们在职场上有过类似的体会么？我猜测，也许老板早想让你辞职，一直不好意思开口。我曾经和这样风格的一位年轻老板交流过管理心得，我说你对人太冷了，广东这么热，你都能让人不寒而栗。他对我的表态并不反感，他说，我也不想这样啊，但我要保持和管理层之间的距离，让他们怕我，这是在广州参加企业总裁训练营时老师给我的建议，这可是几万元一天的课程呀，应该有道理。我听了苦笑了一下，无奈地摇了摇头。

（5）自我实现的需求。这是最高等级的需要，指人们成为自己向往的人物！人们的期望得以实现，包括职业理想、人生追求、个人喜好等多方面，这个需求满足是指人的内心世界的获得，不是完全用钱来衡量，比如：许多做义工或地质勘探、野生动物保护的朋友们，他们的追求是做自己喜欢的事情，并不在乎回报的高低，他们每一天都感到很充实，很快乐！在一个物欲横流的时代，能做自己喜欢的事情，非常难能可贵！

二、全面薪酬管理的理念

（一）全面薪酬管理

笔者在全面薪酬管理课程中，明确提出了整体薪酬的定义，是指用以交换员工的时间、天赋、努力和成果而提供给员工的货币形式或者非货币形式的回报，它包括五个关键的因素：

■ 指用以交换员工的时间、天赋、努力和成果而提供给员工的货币形式或者非货币形式的回报，它包括五个关键的因素

■ 薪酬

■ 福利

■ 工作－生活

■ 绩效和认可

■ 发展和职业机会

图1－3 整体薪酬的定义

企业需要从 5 个维度对员工进行激励，不能只是给予金钱？所谓薪是钱，酬是爱，要么给钱，要么给爱！在全面薪酬管理中提出的工作与生活的平衡，是指企业要建立一套支持员工在工作和家庭方面都获得成功的制度。包括以下几方面：

（1）工作场所和工作时间弹性。（对于不同岗位设计不同的工作时间与弹性工作场所，比如：谷歌、微软）

（2）健康和情绪状态：情绪宣泄、心理医生；关注过劳死！时至今日，让员工牺牲健康来换取企业的发展，是不可取的行为！

（3）员工家庭关怀：对员工子女入托、上学等事宜，企业协助安排；定期的企业开放日，组织员工家属参观工厂。

（4）财务支持：员工购房，企业提供担保，并提供低息或无息贷款。（让员工安心工作）

（5）员工发展：企业应为每一个员工设计职业生涯发展通道，让每一个员工都看到自己的未来，人一定是先有目标，才会有实现目标的动力。

（二）过劳死

让我们关注和对比一下吧，工作不是人生的全部，做一个对自己和家庭负责的人！

研究者认为：在以下 27 项因素中占有 7 项以上，即是有过度疲劳危险者，占 10 项以上就可能在任何时候发生"过劳死"。

（1）经常感到疲倦，忘性大；

（2）酒量突然下降；

（3）突然觉得有衰老感；

（4）肩部和颈部发木发僵；

（5）因为疲劳和苦闷失眠；

（6）一点小事就烦躁和生气；

（7）经常头痛和胸闷；

（8）有高血压、糖尿病，心电图测试结果不正常；

（9）体重突然变化大，出现"将军肚"；

（10）几乎每天晚上聚餐饮酒；

（11）一天喝 5 杯以上咖啡；

（12）经常不吃早饭或吃饭时间不固定；

（13）喜欢吃油炸食品；

（14）一天吸烟 30 支以上；

（15）晚上 10 时也不回家或者 12 时以后回家占一半以上；

（16）上下班单程占 2 小时以上；

（17）最近几年运动也不流汗；

（18）自我感觉身体良好而不看病；

（19）一天工作 10 小时以上；

（20）星期天也上班；

（21）经常出差，每周只在家住两三天；

（22）夜班多，工作时间不规则；

（23）最近有工作调动或工作变化；

（24）升职或者工作量增多；

（25）最近以来加班时间突然增加；

（26）人际关系突然变坏；

（27）最近工作经常失误。

为了家人和自己，职场人士一定要关注自己的健康问题。

三、你了解你的员工吗

当前全球劳动人口出现极度年轻化和极度老龄化的两个极端。现在企业每天面临管理的是"90 后"的劳动力大军，作为 HR 我们更要关注他们喜欢的事情，也就是确认他们的关键吸引力因素有哪些？我们要跟上时代变化，很快我们每天面对的员工就是 2000 年以后出生的人了，所谓"一出生手里就拿着 iPad 的人"。

如果我们用一个词形容"90 后"，你会用哪一个：随性、独立、炫酷、狂拽、拼爹……

不论你如何评价，真实的情况却是，当前全球劳动人口出现极度年轻化和极度老龄化的两个极端，"90后"已经逐渐成为劳动力市场的主力军，这是无可回避的事实。

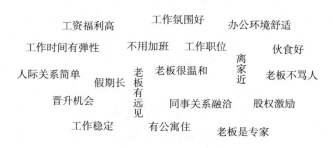

图1-4 确定关键的吸引力因素

我们在招聘新员工时，时刻困惑我们的一个问题，就是到底年青一代员工喜欢什么样的公司？先让我们看几张照片吧，这是笔者在深圳某高新技术企业培训时，课间休息时拍到的。

这是深圳一家年轻人组成的互联网企业销售团队，团队中90%的员工是90后，他们的工作氛围很特别，如果团队里有人成交了一单业务，他就会拍打小手拍，当他一个人拍打时，团队里的人就会和他一起拍打；如果当天团队的产品销售额达到一个小目标时，团队成员全体就会围在一起敲响战鼓！上班时间的氛围和开张学友演唱会一样，办公室里拍打小手拍的声音和战鼓声此起彼伏。笔者当时在该企业的培训室，发现每隔20分钟就会响起集体打小手拍的声音，我忽然顿悟了，现代年轻人需要的是快乐的工作！享受赛场的感觉！喜欢嗨起来的感觉！喜欢PK的感觉！

笔者记得某成功企业家曾经说过，员工最关心的三件事情：

（1）我今天的收入是不是让我过得比较体面。虽然不能承诺员工可以三年内在深圳或上海买房子，但也不能让员工节衣缩食，要让他们觉得有一定的尊严。每一个职场人士都要面临养家糊口的现实问题，物质基础是根本。

（2）职业发展，是否能让每一位公司员工看到自己未来的样子？我们为员工设计他们的职业晋升通道么？没有人愿意一辈子当基层员工。毕竟将工作当作慈善事业的人很少。

图1-5 案例图片

（3）收益共享，员工关心的是公司的成长会不会给员工带来好处？公司利润额每年都在增大，但员工的收入呢？华为公司的激励方式值得我们借鉴，华为公司将高速发展的成果，与华为的每一位奋斗者共享！所以，才有了今天的华为！华为是令人尊敬的中国民族企业楷模。

现在，国家提倡：从共建到共享，就是让全体国家人民共同享受改革发展的成果！

第七节 绩效管理成本：考核奖金从哪里来

一、小羊的故事

从前有一只小绵羊，它每天愉快地生活着。有一天，它的主人跟它说，小羊，你以后每天多干活，到了年底时，我是不会亏待你的……小羊听了主人的话，想想也有道理，从此每天开始加班加点地干活，主人每个月从小羊的身上多拔一些羊毛下来。春去秋来，很快就要到春节假期了，小羊对年终奖励开始期待了。终于在春节前，主人把小羊叫到办公室，从柜子里取出一件羊毛衫，语重心长地对小羊说，快收下吧，这就是你的年终奖励，小羊看着这件纯羊毛的衣服，眼睛里充满了愤怒和委屈的泪水，却一句话也说不出来……后来，小羊就把这个事情编成了一个故事，并给故事起了一个名字，就叫：绩效考核！

这个故事很简单，道理也很清晰，但在实际绩效管理工作中，仍然有不少的企业在重新演绎着小羊的故事。笔者在为多家些企业咨询时，发现一个问题，许多企业负责人最关心的是考核技术和方案，当笔者问起绩效工资从何而来时，他直接告诉笔者拆分员工现有的工资，例如：员工小张现有工资5000元/月，就把它拆为基本工资3000元＋绩效工资2000元，对小张进行每月的绩效考核和激励，笔者听到老板这样的表态，真不知如何继续和他沟通。笔者知道，站在老板的立场上，也许他并没有错，他认为我已经为你支付了工资，难道你不应该把工作做好么？还需要我额外发奖金，去奖励你本应该完成的工作？老板的思维出发点没有错，只是这种方法没有用！这种工资分拆的方法，对于新员工入职时，可以进行约定，是有一定效果的，但对于已经入职的老员工就不合适了。

我们如果拿员工认为应得的工资部分进行考核，那任何考核方案都已经失去了本来的意义，失去了激励基础的考核是无价值的，浪费了企业和员工双方的时间，绩效管理变成了企业和员工双方心知肚明的游戏。

笔者举一个绩效工资的真实故事。2006年，我在瑞士投资的一家中国工厂里任HR经理，公司是为世界顶级的品牌手表厂商服务，生产展架、展柜。当时我在推行工程部的绩效考核工作时，是将员工的工资进行了适当的调高，最终和员工达成了一致，成功进了绩效考核。

当时的情境是，笔者将工程师小李请到我的办公室，为他倒了一杯水，我认真地看了他3秒，说："你的表现公司是认可的，请保持！"小李听了，脸上露出了笑容。"但是，现在国际市场上业务竞争激烈，形势不容乐观，企业也面临困难，公司为了达成战略目标，实现企业和员工的双赢，必须变革现在的管理模式和激励方法，提高人均产出和工作效率去应对市场变化。现在公司准备推行绩效管理方案，激励大家把工作做得更好，以后的升职、调薪、年终奖励全部与员工的绩效考核成绩挂钩，你愿意参加么？"他认真听完后，很正式地回答："我愿意！"我看着他，满意地点点头说："谢谢你！公司就需要你这样的员工支持。不过，请你放心，公司绝不会亏待每一位支持公司发展的员工。现在，我们来讨论一具体的事项，你的固定工资目前是5000元/月，我们计划将它拆分为：基本工资3000元＋绩效工资3000元，其中绩效工资3000元用于每月的考核，只要你能保持良好的工作表现，最低也应该得80分，80分也是公司对所有参加绩效考核职员的最低要求，你有信心可以做到么？"他当时就愉快地同意了我的想法，并在绩效工资协议书上签名，完成绩效工资确认手续。

笔者提示HR朋友们，如果企业进行绩效变革，首先要重新设计员工的工资结构，重点就是分拆绩效工资，当我们和员工就绩效工资比例达成一致意见时，最重要的是让员工签收绩效工资协议书，从法律层面完善这个工作。作为HR经理，有责任防范劳资纠纷和降低企业的劳资风险。因为如果我们没有和员工达成一致，就强行分拆员工的绩效工资，并进行绩效考核、评分，如果考核的结果是员工收入比以前降低了，这时企业就面临劳资风险，员工完全可以视企业单方面违反劳动合同中的工资约定条款，随意降低员工工资数额，从而提出解除劳动合同关系，并要求企业进行经济补偿，这是员工的基本权利，也是企业的风险。所以，推动任何一个 HR 项目均要做好预案，按程序推进，发现隐患立即排除，绝不能将企业处于风险之中，这是 HR 管理人员的基本职责。

做绩效是有成本投入的，现在这个观点得到了越来越多企业负责人的认同，任何事情都是先付出，才有回报的。笔者曾经和一位知名寝具集团总裁有过一次关于绩效问题的交流。请问您作为一位成功的职业经理人、企业 CEO，现在广东一家传统的企业里推动绩效变革，遇到的困难很多吧，请问前期投入如何？他告诉我计划在员工现有工资基础上加 10%～15%，设立绩效工资，变革后计划人均产值提升 30%。不过，要先考虑好各项投入，重新设计工资结构，再推行相关的考核方案，一切按程序稳步推进。

笔者做企业咨询的实例，许多老板对启动绩效考核并不愿意做太多的投入，我告诉他们，做好企业人力资源管理很贵，但不做只会更贵！想想华为今天这么成功，成为中国民营高科技企业的楷模，就是因为老板的思维领先，具有创新精神、共享精神。华为在企业软实力提升方面投入巨额资金，有时甚至拿出年度利润的 50% 去聘请咨询公司对企业实施变革、改造、升级，这是何等的气势和胸怀，才打造出今天的华为帝国！反观，我们有些企业做法，一提到培训就反感，最大的支持就是让 HR 去市场上买光碟，然后组织管理人员观看，甚至老板还特别嘱咐 HR 人员，记得买盗版的，便宜最重要。

二、在实际工作中，我们推行绩效管理到底还要考虑哪些因素呢

（一）管理成本

我们在设计绩效考评方案时，除了考虑前期推行绩效项目的工资结构变革投入资金成本以外，还需要进行管理成本的分析。管理成本包括考评方案的研制开发的成本，是企业内部人员自主开发，还是聘请专业咨询公司协助开发。内部开发虽然成本较低，但受专业水平限制，日常繁杂的工作影响，以及项目开发人员职业素养的影响，容易导致绩效方案不会很理想，也容易和行业内先进的考核模式脱节，因为毕竟是坐井观天。如果请外部咨询公司来开发，虽然成本很高，但优点是专业化程度高，容易吸收同行业的先进经

验，在实际推行的同时也为企业带来了新的管理思想和管理方法。该项目实施成本通常有：考评者定时观察和收集考核数据的费用，进行评定回馈考评结果、改进绩效的成本。在此特别提醒，在管理成本之外，还存在隐性成本，如果考评方法不得当，可能会引起员工的厌烦感和抵触情绪，乃至影响全员的士气，导致考核后员工的工作效率更低了，工作数量和工作品质反而下降了，或者核心员工的流失率上升了，企业出现了表现好的员工因绩效考核伤心离职了，表现差的员工更差了，但他们绝不会离职！真所谓：该走的没有走，不该走的却走了的尴尬局面。甚至如果管理人员在具体的考评工作中处理不当，还可能诱发人身冲突或劳动争议，严重影响企业的正常生产经营活动。总之，HR 在推行新的考核方案前，都应该对推项目行成本进行预算，对可能发生的问题进行预判，并及时采取应对措施。

（二）工作实用性

任何一种考评方法，都必须体现实用性的原则要求，即考评方法应充分满足组织绩效管理的需要，能在实际考评中推广应用。如果一种方法需要耗费几年的时间才能研制出来，那么再好的考评工具也失去了实际的使用价值和意义。再如，一种考评方法虽然设计得"有理有据"，其考评的指标体系也十分完整，但在实际应用时却发现有很多指标根本无法进行测量和评定，使这种方法的实用性受到很大限制，不得不进行全面的整合修改，甚至需要另起炉灶重新设计。总之，所设计的考评方法必须切实可行，便于贯彻实施。

（三）工作适用性

考评方法的适用性是指考评方法、工具与岗位人员的工作性质之间的对应性和一致性，切实保证考评方法能够体现工作的性质和特点。一般来说，在生产企业中，一线人员宜采用以实际产出结果为对象的考评方法，而从事管理性或服务性工作的人员宜采用以行为或品质特征为导向的考评方法；在一些大的公司中，总经理、管理人员或专业人员宜采用以结果为导向的考评方法，而低层次的一般员工通常采用以行为或特征为导向的考评方法。

关于如何分拆员工的工资结构，设计不同层级的绩效工资结构的问题，要根据员工的岗位与所在的部门决定。比如：销售岗位的工资结构，基本工资30% + 绩效工资70%；行政管理岗位的工资结构，基本工资70% + 绩效工资 30%。当然具体情况要具体分析，不能一概而论。

第八节　绩效管理的价值

一、主动求变——警惕组织的懒人机制

著名管理学家杰克·弗朗西斯说：你可以买到一个人的时间，你可以雇一个人到固定的工作岗位，你可以买到按时或按日计算的技术方案，但你买不到工作热情，买不到员工的创造性，买不到全身心对企业的投入，管理的难点和重点是我们对他人如何实施激励！笔者早些年曾经在一家台湾企业任职，总经理是一位近 60 岁满头白发的台湾人。有一天他突然问我："你知道全世界最厉害的 HR 是谁？"我没有思想准备，一脸茫然地看着他，他停了一下继续说："我认为，全世界最伟大的 HR 是伟大领袖毛主席，他激励人民军队的方式，我们无法理解。""国民党军队有飞机、大炮、汽车、美式全套武器装备，但不知为何在战场上却节节败退，而毛主席的军队缺衣少食、武器装备简陋、后勤补给也很不足。但军人上了战场，勇往直前，不怕牺牲，甚至可以拿大刀、长矛和国民党军队战斗，并最终打赢了解放战争。"笔者一直在思考，毛主席是如何激励人民军队打赢这场战争的呢？能够在物资匮乏的时期对员工实施激励，才是真正的 HR 高手！

管好一家企业，最重要的就是管理人，激励人！不论你用什么方法或技术手段去执行都可以，笔者认为只要有效就是最好！绩效考核是一种奖勤罚懒的工具，它通过考核标准的建立，告诉员工如何做是对的，如何做是错的，对员工的思想和行为方式进行引导。企业希望员工的表现是怎样的？如果你不按企业的要求去工作，你会面临什么样的后果？从员工的行为层面和工作结果层面进行细节化、数量化评估，对员工进行准确的评价和认可。考核的目的是打破组织的懒人机制。所谓懒人机制，就是在企业里做多做少一个样，出工不出力，员工有混日子的想法。企业看起来很强大，实际上工作效率低

下，人浮于事，长此以往，企业就会面临困境。笔者在 EMS 培训时，对此点深有感触。现在的 EMS 的工作风格已经有很大的进步，工作效率、服务意识、价格优势等方面均有很大提升。邮政的一位好朋友告诉我，这些改变来源于竞争的压力，国家放开了快递业务垄断，我们的优势不存在了，再不变革只有死路一条。如果 10 年前，EMS 作为一家老牌国企主动进行管理变革，也许就不是今天就么尴尬的局面了。所以，对于企业而言，未雨绸缪、危机意识、主动变革才是最重要的。

二、绩效考核对员工行为改变的促动

笔者曾经在某外资大型超市购买了一台燃气热水器，并办理了延保手续。在保修期内机器发生了故障，我联系了维保部门。售后人员了解情况后说："先生，根据延保服务承诺，我们将全额返还你当时的购机款。我们将邮寄一张同等金额的购物卡给您，请您注意查收，由此为您带来的不便，敬请谅解！"我听她说到这里，有些惊讶的问她，"你们不需要派人上门来确认机器是真的坏了吗？旧的机器你们不需要回收吗？"她很认真地告诉我，"不需要了，我们相信您！当然您也可以用购物卡选择重新购买一台新机或者维修旧机器，我会给您提供两家离您最近的维修部的联系方式，供您选择，"最后她嘱咐我，"过几天总部会有质量监督人员电话回访，希望您能说非常满意，如有建议或意见请现在向我们提出，否则我们每项要扣 30 元。"第三天，我就收到了这家超市从上海寄来了购物卡。又过了几天，这家超市在上海总部的客服致电给我，我第一句话就是"非常满意"，客服人员听到我的回复，后面的问题也不需要再问了，赶紧以"谢谢支持"结束回访。我认为尊重他们的服务成果，也是消费者的一份责任，从此，我就成为这家超市的忠实顾客。

这个真实的故事，我在管理课程中经常提起。我告诉学员能够成为世界零售业的巨头，这家超市的行为方式和一般超市相比一定有过人之处，他们用具体行为表示对顾客的尊重，最终也赢得了顾客的忠诚！

当然，我们也可以推断一下，如果这家超市没有对员工做考核，他们的服务还会那么好吗？我认为当然不会，因为人天生就有惰性的，能够主动对自己高标准要求的人很少，能够高度自律的人更少，正因为如此，企业才需

要聘请管理人员，才需要各种激励制度。这家超市为考核所做的投入并不多，但客户的满意度却大幅提升，相信回头率、转介绍率也必然会很好，信誉和口碑是靠人传人的。

"目标管理之父"德鲁克先生在谈到"高绩效"时指出：一个企业在管理上的成就高度评价标准，并不在于他有多少天才员工，而在于这个企业如何使普通员工取得更好的绩效，能否完全发挥其员工的优势，并利用每个人的优势来帮助其他人取得良好的绩效。

三、绩效考核具有的管理价值

（一）绩效考评指导员工的行为

考评能够告诉员工企业所倡导的行为方式是什么？同时，有效的考评可以列举出员工的标准行为规范，将不好的行为和好的行为明确列出来，一目了然，让员工自己进行对照，部门主管就可以对员工行为进行评分。比如：沃尔玛的"三米微笑原则"，营业员看到顾客时，在 3 米范围内要露出你的笑容，而且微笑的标准是露出 8 颗牙齿。

（二）绩效考评有聚焦的功能

通常员工会认为，要考评的工作才是最重要的工作。因为，每个人在时间和资源上，经常面临许多的繁杂事物需要处理，如果其中有些事物要接受考评，就会引起员工的特别注意。这时，他们也会自动把这些事物分离开来，作为重点工作去做！

（三）绩效考评表达了公司期望

一个有效绩效考评，同时也是管理层和员工交流的工具。员工也很想知道公司、管理层想要什么结果？什么是公司最为关注的事情，通过绩效目标的建立和传播，可以让员工收到公司的期望，进而采取哪些行动去实现目标。请记住：你考评什么，你就会收获什么！

（四）绩效考评改善了公司的执行力

每个企业、团队、个人都有自己的目标，建立目标前不困难，难的是如何达成目标。如果企业没有考评，员工也不可能有行动计划和实际行动，就像考大学一样，如果上大学的名额是电脑随机分配的，那么高中、初中、小学、幼儿园就没有人认真读书了，校外的补习班也会顷刻全部倒闭。所以社会也离不开考评，尽管我们的高考制度还有许多缺陷和不足，但它目前仍是为国家挑选人才的最佳工具！

（五）绩效考评改善了企业的沟通水平

在企业运行绩效考评的全过程中，都离不开沟通。从企业制定战略目标开始，到分解和下达部门目标，最后到制定岗位的考核指标，一刻也离不开沟通。部门主管为了制定下属的考核指标，需要多次和下属进行双向沟通，不论平时是否是爱说话的主管，都迫于压力开始和下属交流，笔者认为绩效考核甚至对管理人员的性格都产生了正向的影响，使他们变得更喜欢和同事交流，也学会考虑别人的感受了，真是一举多得呀！

（六）绩效考评发现了企业存在的问题

形象地说，绩效考核其实就是一把尺子，用来衡量公司、部门及员工的表现、贡献和价值。企业中人们往往对一些管理难点或者小问题视而不见，一直到该问题达成危机程度时，才认识到问题的严重性。如果考评方式很正确，这些小问题就会暴露出来，会变得清晰可见，比如：从考核员工的流失率问题，可以发现员工真正离开企业的原因竟然70%以上不是因为工资问题，而是管理问题、激励问题，甚至腐败问题，员工离职不是要离开公司，是要离开上司！

（七）绩效考评在企业人力资源管理工作中体现了核心价值

绩效考评为岗位人员的聘用、职务的升降、员工的培训、薪酬的确定提供了依据。同时，绩效考评是员工激励的手段，也将企业和员工未来发展紧密联系起来。

推行绩效管理的工作，将涉及企业战略梳理和定位，组织构设计和调整，部门职能和工作流程梳理，岗位职责梳理和明确，工作标准与检查规范，薪酬分配和激励制度调整，真所谓牵一发而动全身。

四、直面绩效考评面临的挑战

在当今竞争惨烈的国际、国内商品市场，企业迫于生存压力，通常对绩效管理水平的要求也比以前任何时候要高。同时，也对企业 HR 管理者的专业性和管理水平提出了更高的挑战！笔者明显感觉到，深圳、广州、上海的企业对 HR 从业者要求很高，许多些企业甚至要求从业者必须取得国家人力资源管理师职业资格，或者在大学是人力资源管理专业的毕业生。因为我们创造过去优势比较容易，但如何才能保持未来的优势，这才是摆在企业家面前最大的难题，在改革开放的初期，企业在商业上取得成功还较为容易，那时中国的外资企业、民营企业遍地开花，公司很容易就能创造出竞争优势（不论是成本或技术方面），并且可以保持很长一段时间，企业的市场优势似乎牢不可破，许多员工进入外资企业就如同进了政府单位一样，感觉可以一直做到退休，所谓养尊处优。那时的科技、信息传递并不发达，消费者没有那么多选择和挑剔的机会；但如今，互联网时代已经到来，一切都变得透明、直接、高效、多变，我们传统的"优势"已经荡然无存。

面对这种复杂多变的市场环境，我们甚至没有犯错的余地，曾经风光无限的行业内龙头企业可能转眼就倒闭，老板负债外逃，这种新闻重复上演。特别是近几年，许多企业迫于生存压力，将企业迁往东南亚甚至遥远的非洲。所以，如今的商业规则是企业不仅仅要表现出色，而且要实现可持续经营。

为了适应这种改变的需要，我们的组织也必须变得更加灵活、高效，敏捷，而不是更庞大、臃肿和反应迟缓。管理模式也要与时俱进，随着不确定因素的增加，对管理者和团队成员的要求也提升到了前所未有的新高度，企业人力资源部门也同时处在风口浪尖，HR 作为企业决策者的战略合作伙伴，有效推动绩效管理的作用越发凸显，同时，对 HR 管理人员提出新的挑战。在今天，对于任何想要成功的组织而言，卓越的绩效管理不再是可有可无。

第九节　对职业经理人的忠告：职场生存建议书

在这一章里，我们对企业的绩效环境进行了定义、梳理和分析，包括：企业的经营环境、管理环境、文化环境和创始人的思维观念等多个方面。亲爱的朋友们，现在轮到你做出选择或判断的时候了。如果你是新任经理，那么摆在你面前的首先是生存问题，作为空降兵是必须建功立业的，诊断完企业的绩效环境后，你应该从哪里入手呢？你准备如何展现你的专业实力？你准备如何通过试用期？还是知难而退，鸣金收兵？

笔者给出两点建议，仅供朋友们参考：

（1）新任 HR 经理要从能够展现出管理风格的项目介入新工作，比如：招聘工作、行政、后勤工作，很容易在短时间内体现你的专业价值或执行力。笔者建议不要在试用期内就推行项目工作，比如岗位评估、绩效管理、薪酬管理、人才梯队建设等专业项目，因为项目工作很难在短时间内产生价值，有些脾气急躁的老板不会容忍你 3 ~ 6 个月还没有工作产出，你就会体验壮志未酬身先"死"的感觉了。所以，笔者绝不建议你先做绩效管理，以笔者近 20 年的 HR 从业经验，在你没有对绩效环境熟悉之前就盲目推行项目工作，你的失败率高达 90%。如果老板要求你在 3 个月内完成绩效管理项目，请你一定记得把这本书中的管理思想转换成自己的语言告诉老板，让他感觉到你是一个善于理性分析和会独立思考的人，他才会愿意和你进一步地相互了解，有时候要学会对老板说"不"，他才会对你刮目相看。笔者的中肯建议，也许可以帮助你顺利通过试用期，但你想在企业建功立业并站稳脚跟，打下自己的江山，要走的路还很长。

（2）如果你是一位已经通过了试用期的 HR 经理，应该对企业的绩效环境了如指掌，笔者建议你先根据自己的专业实力、部门人力配置、工作时间安排进行自我评估，如果是 OK 的，你再对企业的管理现状进行评估和分析，分析结果最好以 SWOT 分析表的形式呈现，评估员工管理与企业运营状况。同时，你要思考和判断老板对现状满意吗？进而评估企业目前是否需要进行绩效管理变革，绩效管理项目的导入是否已经迫在眉睫。如果答案是肯定的，你可以和公司老板或总经理做一个正式的工作沟通，阐明你的思路。主动寻求工作任务的人永远是值得依赖和赏识的！如果公司确认此重担由你来挑起，你可以根据本书的指引，尝试建立企业的绩效管理系统。当然，你要先评估企业的绩效环境情况，找出影响推进绩效管理的因素，并进行准确识别和排除。同时，需要做一个绩效项目推进计划表，明确人力资源和物质资源的需求，绩效管理之舟就要起航了。

最后，祝你一帆风顺！让我们去开启新的篇章吧。

第二章 认知篇：什么是绩效管理

纵观世界上优秀的企业，其管理模式必然优秀！让我们了解一下美国通用电气（GE）的绩效管理特点。

一、案例：通用电气——考核要有利于员工成长

通用公司这艘企业界航空母舰的管理之道，一直被人们奉为管理学的经典之作，而 GE 的考核制度则是其管理典籍中的重要篇章，从通用（中国）公司的考核制度可以发现 GE 考核的重点所在。

通用（中国）公司的考核内容包括"红"和"专"两部分，"专"是工作业绩，指其硬性考核部分；"红"是考核软性的东西，主要是考核价值观，这两个方面综合的结果就是考核的最终结果。

（一）年终目标考核的四张表格

前三张是自我鉴定，其中第一张是个人学历记录；第二张是个人工作记录（包括在以前公司的工作情况）；第三张是对照年初设立的目标自评任务的完成情况，根据一年中的表现、取得的成绩，对照通用公司的价值观、技能要求等，确定自己哪方面是强项，哪些方面存在不足，哪些方面需要通过哪些方式来提高，需要得到公司的哪些帮助，在未来的一年或更远的将来有哪些展望，等等。原总裁韦尔奇在当年刚加入通用公司时就在他的个人展望中表达了他要成为通用公司全球总裁的愿望。第四张是经理评价，经理在员工个人自评的基础上，参考前三张员工的自评，填写第四张表格，经理填写的鉴定必须与员工沟通，取得一致的意见。如果经理和员工有不同的意见，必须有足够的理由来说服对方；如果员工对经理的评价有不同的意见，员工可以与经理沟通但必须用事实来说话；如果员工能够说服经理，经理可以修

正其以前的评价意见；如果双方不能取得一致，将由上一级经理来处理。在相互沟通、交流时必须用事实来证明自己的观点，不能用任何想象的理由。

（二）考核的时间安排

全年考核与年终考核相结合，考核贯穿工作的全年，对员工的表现给予及时的反馈，在员工表现好时及时给予表扬肯定，表现不好时及时与其沟通。

（三）考核结果的应用

考核的目的是发现员工的优点与不足，激励与提高员工，有效地提高组织效率；考核的结果与员工第二年的薪酬、培训、晋升、换岗等利益联系。

考核能够取得预定的目的有多方面的因素，在所有这些因素中，最重要的不是通用（中国）公司的考核方法、考核制度有多复杂、有多高深，而是通用（中国）公司人能够把简单的事情做好、做到位。而这正是通用（中国）公司的价值观"确立一个明确、简单和从现实出发的目标，传达给所有人员"所要求的。

（四）通用（中国）公司的考核工作是一个系统的工程

包括目标与计划的制订，良好的沟通，开放的氛围，过程考核与年终考核结合，信息的及时反馈，考核与员工的利益紧密联系，强调通用（中国）公司的价值观，领导的支持，管理层与一般员工的积极参与、有一个制度来保证等。

（五）目标与计划的制订

目标计划是全年考核的基础，目标计划必须符合五个标准"SMART"：S代表specific，意思是"具体的"；M代表measurable，意思是"可度量的"；A代表attainable，意思是"可实现的"；R代表realistic，意思是"现实的"；T代表time－bound，意思是"有时限的"。目标计划的制订必须与公司、部门的目标一致，制订目标计划必须与员工反复沟通推敲，在执行时如发现有不妥之处，必须立即修正。

（六）过程考核与年终考核

考核是为了激励与提高完善员工，所以信息要及时给予反馈，员工表现好时要及时给予肯定表扬，在员工表现不好时，及时提醒，到了年终考核时，所有的评价都是根据平时的表现，不仅有说服力，而且人力资源部的工作也不繁杂，因为全年不断地积累素材，平时已把工作做到位了。

（七）良好的沟通

包括各部门的上下级之间、人力资源部与其他部门之间保证无阻碍的沟通。这样员工和经理才能得到比较全面的信息。通用（中国）公司的环境是开放的，员工可以很轻松地与经理甚至总裁交流。良好的沟通也是通用（中国）公司的价值观所要求的，乐于听取各方的意见，致力于群策群力，良好的沟通不仅包括面对面的交流，员工的自我评定也是一种沟通渠道，员工有什么想法、有什么要求、希望得到公司哪些帮助等都可以在考核时写清楚。

（八）视6个西格玛为生命

管理人员、公关人员的考核不易量化，是考核中的难点。通用（中国）公司一开始就给管理人员、领导人员确立一个行为准则，这些行为准则不仅是面对领导、管理人员，而且也是面对员工的。管理人员根据这些行为准则，可以对照自己的行为，清楚明白地知道自己哪些方面做得好、哪些方面有差距。同时，员工也可以根据行为准则，评价管理人员或领导。这样对管理人员和领导的考核就可以很具体、清楚，如领导必须具备的4个"E"，不管是自评还是他评，都能心中有数。能量化的尽可能用6个西格玛标准量化，如公关人员的工作量化可以用接了多少个电话、回了多少个电话、用了多少时间来回答、安排了多少采访等。

（九）用事实来考核软性因素

价值观等软性因素的考核也是不好量化的，通用（中国）公司解决这一难题的有效方法是把工作放在事前，凡是加入通用（中国）公司的员工，首先被告知的是通用（中国）公司价值观的内容，然后会有与价值观有关的各种培训，员工对价值观的感悟不断地得到强化。培训不是叫员工背诵价值观的内容，而是用发生在公司的事实行为来说明价值，在考核时也是每个结论都必须用事实来证明，绝对不能凭空想象。

（十）考核的结果与员工的个人利益及职业生涯发展密切联系

考核的结果与员工第二年的薪酬、培训、晋升、工作调动等挂钩，同时考核也是为了提高和完善员工自身的素质，公司会尽可能满足员工的一些想法和要求，鼓励员工写下自己的真实想法，并且尽最大可能帮助员工实现。

（十一）360 度考核

360 度考核并不普遍地使用，一般是在考核领导和员工为了自我发展、自我提高时使用，参与考核评价的是上级、下级、同事、客户，由被考核者自己在这些人中各选择几个人来作评价，对于考核的结果由外面的专业机构来分析，这样可以保证结果的客观性与科学性，在这种考核中不用担心员工在选择考核者即评价他的人时只选择与他关系好的人，而导致考核结果的不客观、不真实，因为这种考核是为了发现员工自己的不足、找到提高完善自己的方式，员工为了自己的发展前途不会去找一片赞扬声。

读了 GE 的案例，我发现他们通过考核传递了企业的价值观，那就是：尊重员工、肯定员工、信任员工、发展员工，说到底是视员工为企业的人力资本，而不是人力成本，员工工资越低越好！

GE 对员工的考核中，提到了 360 度考核模式，他只用于对员工的自我发展与自我提高时使用，可以说是恰到好处，而反观我们国内的少数企业，盲目学习国外的人力资源管理思想，包括最先进的考核与薪酬管理模式，没有考虑行业差异、品牌差异、文化的差异、国情差异、员工素质的差异、老板思维的差异，就盲目推行新的考核模型或薪酬模型，不是所有企业都适合 KPI，也不是所有企业都可以用宽带薪酬！

二、360 度考核的故事

每年的年末和年中，是公司对管理人员进行绩效考核的时候。今年的考核政策和往年一样，还是采用人力资源部大力推崇的 360 度考评，上级、同级和下级考评相结合。

从表面看，这种 360 度的考核方式应该是公平公正和全面的。但不知道为什么，总感觉在中国特色的人情味里，这种考核的结果好像一直有些特别的意义。

从下面的 360 度绩效考核结果，大家也许可以感觉得出这个特别之所在。

故事背景：

乾隆时代，突然发生大面积饥荒，许多地方民不聊生，百姓亟待朝廷安抚，半年后，情况没有任何改善，百姓对朝廷非常失望，纷纷请命，希望皇帝能过问百姓疾苦。

满朝文武至此才统一认识，承认纪晓岚等少数人多次提到的大面积饥荒，但无人承担责任，只是互相指责，而且国库空虚，余粮也难安抚百姓了。

乾隆皇帝龙颜大怒，认为整个管理团队出了问题，决定对下属来一次考评，以提高文武的管理水平与意识，从根本上杜绝这类事情再次发生。由于文武百官各有其责，苦无依据评价各官称职程度，只好来一次 360 度考核，其中和珅与纪晓岚的考评最有代表性，结果如下：

（一）和珅评分情况

1. 上级评价

和珅工作热情很高，对上级布置的工作总是积极处理、坚决执行，谈吐之间忧国忧民，充满激情；

善于领会领导精神，深受下级拥护，平级中大部分官员与和珅关系很好，说明和珅善于协调；

也许在每一方面的工作能力上，和珅都有不如其他人的地方，但他善于利用资源，团队成长迅速，是不可多得的管理人才。

综合结果：优。

2. 同级官员评价

95% 的官员评价是优，5% 评价是差。

典型意见四类：

和珅关心下属，带队能力强，理解上级指示到位，指明方向清楚，同级中再大的矛盾也能化解，合作愉快；

和珅能力不足，但是大团队中的润滑剂，是团队团结的核心；

和珅工资和大家一样，但却能开好车，住洋房，资产来源不明，可能有些问题，但和他相熟的同事都证明，这些财产是他老婆带来的，与他在朝中显著的管理才干相比，只是小节；

不了解和珅的能力与具体工作情况，但平时待人和蔼可亲，没有官架子，感觉是个不错的人。

极个别评价：

和珅这类官员，没有真实才干，却善于隐藏自己，分管的事情做得很差，官却越做越大，这样的人，朝中有一两个还不足以为患，但如果满朝文武都这样，能人志士就不能为国家效力，国库日渐空虚，繁荣与人民幸福就谈不上了。（乾隆皇帝批语：这样的说法，反映出对团队能力的不信任与对领导用人能力的怀疑，缺乏积极向上的心态，不宜收录。）

综合结果：优。

3. 下级官员评价

100% 评价均是优

以下省略好评数百条。

4. 结果

总体评价：和珅得到满朝文武考评最高分，由于已经官居极品，无法升官，乾隆只好赐他尚方宝剑以资嘉奖。

（二）纪晓岚评分情况

1. 上级评价

纪晓岚业务能力突出，专业能力很高，遗憾的是，过于固执，执行上级指示不坚决，经常提出反对意见，影响大局。

此外，与同级关系处理很差，权限认识不清晰，经常干涉其他部门事务，对同事间的配合缺乏信任。另外，处理下级关系容易走极端，过于生硬，使其部门长期缺人。

特别是饥荒问题，虽然纪晓岚早已发现，可是却严重缺乏沟通能力，无法说服百官承认他的发现，更不能帮助皇帝认清形势。

纪晓岚经常指责有的官员水平不合格，但却不能从流程制度上帮助这些官员去提高与改善。

综合结果：差。

2. 同级官员评价

80% 官员：差，10% 及格，10% 优。

典型意见：

业务虽强，但缺乏团队精神，过于突出个人能力，忽视集体作用；

对其他人缺乏信任感，总以为朝中许多官员不合格；

对上级不够尊重，爱自做主张；

做任何决定都不爱与大家交流，大家都不知道他在忙些什么；

与其他部门配合中，总是出现问题。

个别意见：

纪是难得的人才，为百姓与朝廷尽心尽力，家无余财，是难得的忠臣，有原则，应该号召大家向他学习。（乾隆皇帝批语：此人必然与纪关系亲密，不足为信）

综合结果：差。

3. 下级官员评价

30%：差，30%优，40%一般。

典型意见：

有领导魅力，推动工作能力强，效率高，对国家忠心，对人民负责；

布置工作生硬，要求苛刻；

带领部门所做工作经常得不到皇帝肯定，说明领导水平有问题；

搞不清楚应该向哪个方向发展，因为老纪的主张常会被皇帝否定，为国做事还是听命行事，总是让下属面临选择。

4. 结果

总体评价：差，排行处于朝廷末列，由于规定这次考评处于最后10%的管理者被淘汰，纪晓岚被降职处理，乾隆皇帝亲切地希望他多多历练，提高自己的管理素质。纪晓岚也开始认识到自己与和珅等人巨大的差距，是告老还乡，还是从此得过且过，混一个好评，他还没有拿定主意。

后来，乾隆皇帝将此决定昭告天下，安抚不满的黎民百姓，希望百姓能通过朝廷这次的行动，加强对朝廷的信心。

后续：

三年后，满朝文武管理素质大大提高，官员间团结一致，和珅式的大臣充满朝廷。而饥荒依旧进行，只是乾隆一个人不知道而已。

从以上纪晓岚和和珅的绩效考核结果看，360度考核考察的更多是人情、人味和关系，而不是我们工作中需要提高的能力。但是，从管理学的角度看，又怎么能很武断地说他们两个谁更合适管理呢？

第一节　绩效管理的定义

一、绩效的一般定义

绩效（Performance）也称为业绩、效绩、成效等，反映的是人们从事某一种活动所产生的成绩和效果。从英文直译，绩效还有表演，演奏的意思，所以，一个人的绩效表现形式不仅仅是工作结果，还有他的行为方式表现。

绩效考核的寓言故事

有一个关于猎狗的经典故事，也许能引起我们对绩效考核问题的思考。

猎人带着一条健壮、凶猛、反应迅捷的猎狗去打猎。但是，这条猎狗的表现实在太让猎人失望了，连一个兔子都追不到。一旁的山羊看到这一幕，讥笑道："猎狗老弟，你长得这么健壮，竟然连只兔子都跑不过，真是没用！"猎狗呵呵一笑："你有所不知，我们奔跑的目的是完全不同的！我是为了一顿饭而跑，兔子却是为了自己的生命而跑啊！"

这句话传到猎人的耳朵里，他想："猎狗说得的确有道理，只有让猎狗像兔子那样为生命而跑，我才能得到更多的猎物。"于是，猎人又买了几条猎狗，并明确规定只有在打猎中抓到兔子的猎狗，才可以分得几根骨头，抓不到的就没有饭吃。这一招果然有用，为了不挨饿，猎狗们纷纷努力去追兔子，猎人由此获得了更多猎物。

过了一段时间，又出现问题了。大兔子体力好，跑得快，非常难捉。相比之下，小兔子则好捉得多。但捉到大兔子得到的骨头和捉到小兔子得到的骨头一样多。一些善于观察的猎狗发现了这个窍门，于是专门去捉小兔子。

慢慢地，大家都发现了这个窍门，于是捉到的兔子越来越小。

猎人一开始以为是猎狗的技术不过关，于是还专门针对"如何快速捕捉大兔子"展开了培训。但培训后，猎狗捉到的依然是小兔子。猎人就问其中一只猎狗，这是为什么？猎狗说："捉大兔子和小兔子在奖励上没有区别，我们为什么要费那么大的力气去捉那些大兔子呢？"

猎狗的这番话让猎人茅塞顿开，于是决定不将骨头的数量与是否捉到兔子挂钩，而是每过一段时间，就统计一次猎狗捉到兔子的总重量。以此来决定猎狗一段时间内的待遇。结果猎狗们捉到兔子的数量和重量都增加了。

这个故事很好地诠释了考核和管理的关系，从单一到全面，从粗浅到精细，考核是一个渐变的过程，管理也因此变得越来越有效率。一开始，猎人并没有考核猎狗，无论结果如何，反正都会有骨头吃，对猎狗来说，这是一份干与不干都一样的工作，因此对这份工作并不重视，也没有工作动力，才会出现连兔子都跑不过的现象。为了改变这种局面，猎人引入了竞争机制，使捉到兔子和没捉到兔子的猎狗得到的奖励不一样。这是一个粗放式的考核方式，只考核了工作数量，没有考核工作质量，只是改变了干与不干都一个样的局面，给了猎狗可乘之机，纷纷去捉那些比较容易捉到的小兔子。

为了获得更好的猎物，猎人又将考核机制提升，除了考核数量，还要考核质量。由此一来，激励效果明显，猎人得到的兔子数量和质量都有大幅提升。故事讲完了，站在管理者的角度上，最重要的是你悟到什么？

学习或读书最重要的是开悟！当然这也是学习的最高境界。

启示：我们企业的绩效考核要有重心，要能对员工努力及行为方式有指向的作用，要能形成企业合力、向心力，避免为了业绩达标而不则手段。例如：一项在考核电商团队的指标设计中，如果我们只注重团队销售额目标的达成，那大家就会忽视品牌保护、价格保护（对实体店）、潜在客户的培养，甚至为了提升当月成交金额不惜采取欺骗客户、擅自降低商品价格、隐瞒商品缺陷等损害公司形象等短期行为，最终可能会损坏公司的利益，损害企业品牌形象！我们要深知，电商团队的职能不只是卖货，它同时也是公司品牌宣传的窗口！

二、绩效管理的概念

为了实现组织发展战略和目标，采用科学的方法，通过对员工个人的行为表现、劳动态度和工作业绩的全面监测、考核和评价，充分调动员工的积极性和创造性，不断改善员工和组织的行为，提高员工和组织的素质。

第二节 绩效管理与绩效考核的区别是什么

对于很多企业来说，虽然讲的是"绩效管理"，但实际操作的却往往是"绩效考核"。这两个概念的混淆，已经成为如今企业进行绩效管理的一大误区。要想使绩效管理成功，必须首先在管理者的思想上纠正错误的认识，这点对于管理人员是很重要的。笔者常将绩效考核形象比喻成一条线，绩效管理是一个面，考核表只是一个点。但笔者发现，在实际工作中，许多企业老板或管理人员恰恰做反了，他们最关心的是各岗位上的考核表应该如何设计？经常有各地的 HR 学员问我要绩效考核表去参考使用，而不是沟通绩效管理系统的设计问题，他们心中的想法是，只要将考核表设计好，员工就自然会变得更好。这样的想法真让人无语，他们将人力资源的专业工作看得太简单了，难道买一本学习华为的书，我们就会成为华为么？难怪学习华为的书籍卖得很火，因为有太多人想走捷径。

绩效考核不等同于绩效管理。

一、绩效管理的含义和内容

有效的绩效管理从建立以人为本的企业文化开始，结合员工个人的发展计划及公司的总体战略目标确定个人的工作计划和目标。

（1）绩效管理是管理者与员工就工作目标和如何达成工作目标进行协调并达成共识的过程。在此过程中，管理者和员工达成的承诺必须规定：

1）希望员工完成的工作目标；应具体，应量化或行为化，不能用形容词或模糊的数据。

2）员工的工作表现对实现公司目标的影响；告诉员工他的行为表现，或工作成果对公司的重要性。

3）衡量工作绩效的标准是什么；明确如何对员工的行为表现或工作结果进行有效测量，最好有具体的评估方式或测量公式。

4）员工和主管如何共同努力以完善和提高员工的业绩；告诉员工如何展开工作才能实现他的绩效目标，并告诉他可以为他提供哪些支持或援助。

5）指明绩效管理中会遇到的障碍并寻求排除方法。明确告诉员工我们可能会遇到的困难，要有预见性地提出解决方案，并同时也听听员工的想法，也许员工有更棒的想法。

（2）绩效管理的程序包括：计划、辅导、考核、反馈。这四个步骤循环往复，最终实现组织和员工的绩效共同改进。

1）绩效管理是管理者日常管理工作内容之一，同管理员工的业务、技术一样，是管理者每天要做的事情，它没有什么特殊性，更不只是人力资源部的专利。直线部门管理者也决不能有帮人力资源部完成工作的思想，因为这是你分内的事情。

2）绩效管理是一个持续沟通的过程。绩效管理在不论是在绩效计划阶段、辅导阶段、考核阶段或反馈阶段，均是通过管理者和员工持续不断的沟通，最终达成协议来保证完成的，我们要注意倾听员工的想法。

3）绩效管理不仅注重工作结果，更重视达成目标的过程。所以对于员工的行为过程也要考核，例如：现在珠三角地区企业招聘生产一线员工很困难，我们更要考核招聘主管面对困难采取了哪些具体行动，也许最终的结果仍是不能完成任务，但是也要给员工客观公正的评价，不能因为结果不太好，就给予员工全面否定。OKR 的管理思想就是，主要观察员工的行为表现，你是否按计划去执行了某件工作，而不去考核最终结果的成败，OKR 的目的就是要鼓励员工敢于大胆去想、去创新、去挑战、去执行、不怕失败，只要员工或团队有进步就好！这是一种伟大的管理思想，目的是激发员工的动力！它特别适合于工作有创新要求的团队，或者是工作内容多变、工作产出难以衡量的岗位。工作结果固然重要，但在绩效管理循环中的计划、辅导、考核和反馈也是必须要强调的。

二、对绩效管理的认识误区

我们应当纠正在绩效管理上较为普遍的错误认识。

绩效管理不是：

（1）简单的任务管理工具，管理者一看就会用；

（2）越复杂越好，或者是一堆员工评价表格；

（3）专为寻找员工的工作失误之处，或者把团队里最差的人找出来，进行处分（末位淘汰）；

（4）它与我无关，只是人力资源部的工作；

（5）只是一年一次的例行填表工作，反正也没有人去看，也没有人去用；

（6）只在企业或员工绩效出现问题时使用；平时我才懒得去管理这件事情；

（7）只是计算员工绩效工资时才考虑，平时没有人去关注它的存在。

三、绩效考核的含义和内容

绩效考核是绩效管理不可或缺的一部分，但不是它的全部，它是局部与整体之间的关系。

（1）绩效考核最终是要考核员工到底为公司做了什么。它被称为结果取向的评估，关注员工的劳动成果，而不是过程。不仅是对公司整体的战略目标，还要对目标的结果进行评估。

（2）绩效考核有利于员工发现自己的不足，找到工作差距。

（3）绩效考核应当是制度性的，每年、每季、每月按规定的程序进行，不能临时起意做考核。对于不同级别的员工，考核的周期也应该有所区别。

（4）绩效考核的结果可以作为激励和发展的依据。

（5）绩效考核是一种管理手段，但不是管理目的。

四、绩效管理和绩效考核的区别

综上所述，我们可以看出绩效考核只是绩效管理的一个环节，是进行绩效管理的一种手段。绩效考核实质上反映的是员工过去的绩效，而不是员工未来的绩效。而绩效管理更注重的是对未来绩效的提升，关注员工和管理人员的沟通、互动，注重对员工工作的目标设定、执行工作、绩效辅导和提升，着眼于企业未来的发展战略的落实。应该说绩效管理让员工看得更远，看到希望。

绩效管理与传统意义上的绩效考核的主要区别如表 2－1 所示。

表 2－1　绩效管理与绩效考核的主要区别

绩效管理	绩效考核
管理程序	人力资源管理程序
计划式	判断式
一个完整的管理过程	管理过程中的局部环节和手段
解决问题	秋后算账
关注结果和过程	关注结果
侧重于信息的双向沟通	上级下达指令
企业和员工双赢	惩罚失败者
伴随企业管理活动的全过程	只在特定的时期展开考核工作
与员工事先的工作沟通与承诺	只对员工事后的评价
关注未来的绩效（重视发展）	关注过去的绩效（重视现在）

绩效考核仅是进行绩效管理的一种手段，它是整个绩效管理流程中的重要环节，它不包括系统的绩效计划与绩效辅导，以及考核后要关注的员工职业发展，它更关注的是员工当下取得的成绩。

第三节　谁是绩效管理的受益者

如果绩效考评运用得当，它可以提高员工士气，增强员工的责任感，增强员工的忠诚度，使员工更加乐意提高自己的能力。考评将不再是员工故意逃避和害怕的事情了，它将成为员工乐于享受的一种活动，而考评数据也将变成人们渴望接受的信息。我们通过绩效管理要实现的是双赢，而不是双输。

一、绩效管理对于员工的好处

由于没有人愿意接受别人的考评，所以在实际推行绩效管理过程中，作为被考核者的全体员工，他们本能地会对绩效管理项目产生反感。所以，我们一定要告诉员工绩效管理项目对他们有哪些好处，会带来哪些帮助，员工才会愿意接受。那到底对员工有哪些好处呢？

首先，通过绩效管理的有效运行，企业会从中受益，当企业收益增加时，员工的收入将会随着企业利润的增加而同步提高，员工与企业共享发展成果。员工是需要养家糊口的，经济收入当然很重要。

其次，由于绩效管理中管理人员会对员工进行全过程的辅导和帮助，也会使员工和管理层的关系更加融洽，工作开展也更加轻松。

再次，由于工作中有上级的大力支持与配合，工作目标清晰、明确，让员工能够感觉到工作是快乐的，这时员工的积极性才能充分发挥，他们的潜能也才能被充分激发。

最后，员工可以有更多的发展机会，通过考核员工的工作企业也会发现员工的特长所在，有针对性地制订员工的提升计划，无疑这些培训与提升计划对被考核的员工是很有益处的，它会使员工变得更加优秀，也更加符合公司的要求，同时员工的未来也会变得更加美好！

二、绩效管理对于管理者的好处

首先，根据绩效管理的流程设计，部门的管理者作为教练要参与员工绩效管理的全过程辅导和训练，而不只是一位工作监督者的角色，管理者将指导下属员工做得更好。而且管理者也要参加企业组织的关于绩效管理的专业课程学习，这会使管理者更加优秀和专业，他们的下属会更加支持其工作开展。

其次，在绩效管理中，员工和管理者一起制定考核目标和工作推进计划，员工不再是被动地接受任务了，这种改变让员工将个人意愿与企业发展前景结合起来，并对员工充分授权，使员工从：要我工作，变成了：我要工作！

极大地减少了管理的阻力。

最后，通过有效的员工管理，体现了员工的价值，也体现了管理人员的价值，这样管理人员也更有成就感，从而也提高管理人员的个人绩效水平，最终达到了员工和管理人员的双赢。

三、绩效管理对企业的好处

绩效管理的好处，最根本就是对企业发展有好处，对老板有好处，但是在实际推行时，我们要特别弱化此观点，甚至不必提起，主要去强调考核对员工的好处，这只是工作策略问题。绩效管理的推行，首先要明确企业的发展战略和价值观，设定企业的发展目标。企业通过设立适宜的发展战略目标，明确企业 3～5 年的重点工作任务，进而为员工指明了努力的方向，达到万众一心，使员工清楚知道自己在战略实施过程中所扮演的角色。如果每一个员工都完成自己的工作目标，企业的战略目标和利润目标自然也会实现，企业的运营效率和效益也将大幅度提升。

其次，通过绩效管理我们将员工的创造力和潜能都激发出来，形成了巨大的合力，进一步推动了企业的管理进步。

再次，通过绩效管理有效落地使员工的价值都得到了认可和体现，让员工看到了希望，也增强了员工的职业安全感，有利于企业稳定员工队伍。

最后，我们通过绩效管理的有效推行，增强了企业的实力和美誉度，也对企业补充新鲜血液带来促进作用，帮助企业吸引优秀人才加盟，实现企业和员工的双赢。

第四节　针对不同层级的员工要采取
不同的考核方式

一套完善的绩效管理体系应当针对不同的管理对象采取不同的绩效管理方式。在实际咨询和培训过程中，笔者发现有少数企业各部门的考核表雷同度较高，我询问企业的 HR 负责人为何这样。他告诉笔者：为了简单、好操作。笔者问他：效果如何？员工被激励了么？他面带微笑地看了看笔者，没有说话。我心里明白了，有些 HR 负责人只是为了完成老板交代的任务而已，是为了考核而考核。当然，考虑到企业实际情况，绩效环境与资源支持，特别是人力资源支持和老板的真正支持，他这样做也无可厚非，也许并不是他没有绩效管理的经验，绩效环境只能让他这样做，关键是企业老板和高层管理人员均保持了默认。

为了有效实施考核，我们应做如何去做呢？

首先，我们按员工在企业的部门、职组、职细进行岗位的横向分类；其次从纵向划分出岗级、岗等，设计出企业的岗位与薪资等级表，将企业所有岗位归级入等；最后根据级别的不同，责任的不同，岗位特点不同，进行考核前的划分，区分出岗位工作特点、考核维度、考核方式、考核周期等内容。

表 2 - 2　考核内容

类型	绩效考核特征	绩效评价方式	评价周期
高层管理者 （总经理、副总、总监）	基于经营业绩与关键管理项目达成的关键业绩指标考核	关键业绩指标与述职报告；重点管理项目完成评估报告	一年
中层管理者 （经理、副经理）	以任职资格为基础，基于战略目标解码的关键业绩指标考核	关键业绩指标与述职报告；部门重点工作完成评估报行	半年
基层管理者 （主管、组长）	关键业绩指标考核以及基于关键业绩指标落实的关键行为考核	关键业绩指标考核及行为考核；小组、团队重点工作完成评估报告	每季度
作业类员工/ 办公室职员	部门关键业绩指标分解及关键业绩指标实现的关键行为的每日评价	岗位关键业绩指标考核及行为考核	月度考核

当然，以上分类只是从大的方向上进行了简单的描述，具体在实操中，对于不同性质的部门考核维度有所区别，对不同岗位级别的员工考核重点也

要有所区别。比如：考核生产部门要以产量、质量、人均产值（效率）、物料损耗、交货期等指标为主；对于人事行政部门要以招聘任务完成率、员工流动率、培训计划达成率、人才梯队建设、后勤服务满意度等指标为主。

第五节 识别绩效管理的力量与误区

一、绩效管理的力量

让我们先讲一个小故事吧。

从前有一个农夫，他养了两只猫，一只养在主人的房间里，另一只养在主人农场的粮仓里。粮仓里的老鼠多，猫每天勤劳地抓老鼠，主人对它的表现非常满意，经常奖励它一些鱼吃，猫很感激主人，更加拼命地抓老鼠。不久，粮仓里的老鼠被抓完了，外面的老鼠听说粮仓里有一只很厉害的猫，也不敢贸然进入粮仓，渐渐地粮仓里已经没有老鼠可抓了。主人见状，觉得自己白养了一只猫，终于有一天将这只猫赶出了粮仓，猫从此成为流浪的野猫，它时常怀念当年的时光，也常常在想主人为何会这样对待它。

另一只在主人房间里的猫看到了同伴的境遇，苦思冥想了一晚上，它想出一个奇妙的好办法。它首先找门外的老鼠头领达成了协议，每周有两个晚上，老鼠可以进入房间吃东西，但是每周要贡献一只老鼠，它需要交给主人去请功，得到主人的奖赏。根据协议，猫每周会捉着一只老鼠向主人汇报工作，主人看到被捉的老鼠后非常满意猫的表现，立即奖赏美味的鱼给猫享用，并让猫将老鼠处死。猫时常趁主人不备时，将抓住的老鼠放走。从此，猫捉老鼠的游戏就这样完美地上演着，主人房间里的老鼠一直没有灭绝，猫也一直得到主人的赏识，主人甚至为了培养猫还送它去捉鼠培训班学习。

有一天，粮仓里的流浪猫碰到了房间里的猫，请教它的生存之道，房间里的猫沉默了 10 秒，慢慢地说：你要学习绩效考核的知识呀！没文化真可怕。

这个故事听起来是不是很耳熟呢？我们都有过类似的经历：员工的行为

和我们企业的目标或价值观不一致，而管理人员却不明白员工为什么会如此。事实上，员工这样做是因为他们的管理者不经意间运用了麦克勒布的"得了奖励的人会继续努力"这个原则。

在企业里，我们都经常会听到或看到：为了得到奖励，团体中的成员往往会做出一些令人惊讶的行为。比如，为了得到季度销售提成奖金，销售经理不惜采取降价促销的方式，以达到季度销售目标。为了获得当期的利润奖励，公司总裁允许将部分当期费用推延到下一个时期；或者由于培训工作没有纳入管理人员考核的关键考核指标中，所以管理人员往往不愿意分享知识和经验。

二、绩效考评的误区

如果我们的绩效考核在设计思路、运行模式、激励措施上存在问题，通常会发生以下的状况：

（1）企业发展要靠全体员工求真务实、追求创新精神，但实际上却奖励了善于做表面文章的人。

（2）没有建立明确的考核标准，对员工评估往往凭主观印象。每次对员工表现评分时，主管感到特别为难，通常碍于人情，给普通表现的员工很高的分数，长此以往，绩效考评就会流于形式。

（3）虽然鼓励创新思维，但没有考虑到做多错多的原理，对创新人员的工作包容度不够。特别是对于鼓励创新的研发团队，传统的考核方式已出现明显的不适应。有些新产品研发团队的工作根本无法用结果导向的指标去衡量，因为可能会出现经过 1~2 年的新项目研发，最终却以失败告终。难道他们就没有为企业做出贡献么？绩效成绩都应该评为差等么？如果这样将来哪个团队还敢承接创新项目。

（4）企业鼓励勤奋工作、努力奉献，但是工作效率高的员工可能会吃亏，因为他们总是会想办法高效完成工作任务，不愿意太多的加班工作，绩效评估时反而会分数较低。创新型企业要关注员工的创新思维和工作效率，不必太过关注他们是否加班。

由于在绩效考核中存在一些不正常的状况，给我们带来了许多困惑和质疑，所以我们总结出在考核中存在的七大误区，用来帮助我们分析各种真实现象并寻求解决办法。

（一）误区之一：以结果论英雄

在考核中，到底是考核结果重要，还是考核过程重要？

职场流行一句名言：凡事以结果论成败，我不看重过程，我只要事情的结果。你负责的工作，请你给我一个明确的结果，具体怎么做，你们来决定，做不到请你走人。多么直接和冷酷的表达方式！但实际的情况是：绩效考核也同农夫种粮食一样，春天在田地里播种，然后要进行浇水、施肥、除草等一系列的工作，秋天才能有一个好收成。这个过程是非常重要的，是必须高度关注的。所以，本身绩效考核以结果为导向的提法是正确的，因为如果没有好的结果，企业是无法生存下去的，但没有好的过程是不可能产生好的结果，笔者认为绩效考核最重要的是关注过程，考核过程如果顺利达到考核要求，好的结果必然会呈现。

（二）误区之二：考核指标泛滥，重点不突出

许多企业为了体现对员工的全方位考核，建立了近20多个考核指标，从理论上看，确实对员工进行了全方位的评估，但出现了为了追求评价衡量的全面性、整体性，将一些品质导向的考核指标（如员工学习能力、敬业精神、沟通能力、忠诚度、上进心等）与KPI结果指标、行为表现指标进行混合搭配，形成一个看似全面的大杂烩，里面的内容和名目繁多，但实际上，根本无法有效在同一周期、使用同一评价模式进行考核的，具体操作时，连自己也觉得无法实际操作，往往到了最后为完成任务，全部变成了主观评价，草草收场了事。

（三）误区之三：绩效考核只是人力资源部的重要职责

过去，在企业里，人们通常认为绩效考核是人力资源部的核心职能，全公司的绩效考核工作都应该由他们来推动，各部门的考核制度、流程与表单也应该由人力资源部主导设计，相关部门按考核方案去做就好了。反正出了问题或考核失败，也是由人力资源部负责，老板也不会骂我们。

近年来，越来越多的管理者认为，绩效考核绝不是人力资源部一个部门的事情。人力资源部只是绩效考核的战略性推动者与设计者，组织各部门管

理人员学习绩效考核理论知识，并指导各部门自行设计考核指标与评价标准，然后组织各部门的绩效考核工作筹备会议，讨论相关指标的适用性，HR 给出专业的意见和建议，各部门的考核方案要最终通过决策层的审批，并公布试行。HR 并不是各部门具体考核层面的执行者，每个部门的绩效考核工作由本部门经理负责，HR 只是策划者、组织者、监督者的角色。

要想在企业成功推行绩效管理，首先要明确几个职位的角色划分。

（1）老板或总经理：他们是绩效管理项目中最高的支持者和项目推动者；他们为了绩效考核的运行提供了人力、物力、财力与权利的支持！没有他们的支持，绩效管理寸步难行。笔者曾经服务过的上市公司，甚至将绩效管理小组直接从人力资源部里调到总裁办统一管理，由一名副总经理负责管理全公司的绩效管理推动工作，副总经理负责组织每个月的绩效评审会议。该企业对推行绩效管理的决心和支持力度可见一斑。也有企业为了保证绩效管理的推行成功，引入外部顾问参与企业绩效变革。

（2）HR 经理或绩效咨询师：他们是绩效管理的组织者和咨询专家；如果企业聘请了外部咨询师推动整个项目的进行，那 HR 经理就轻松许多了，只需要做好组织与配合工作，负责和外部咨询师的工作对接，可是这种情况并不常见。更多的情况是 HR 经理要去推动整个项目的进行，要求 HR 经理不但要有组织能力、沟通能力，还要懂绩效管理的专业技术，对各部门管理者进行绩效有关知识的培训，以及作为内部绩效咨询师角色来指导各部门管理者建立 KPI 考核体系，并组织考核指标的评审工作。由于 HR 经理本身有许多日常事务需要处理，工作压力可想而知。

（3）直线部门经理：绩效管理执行者和反馈者，参与建立和执行企业的绩效管理制度，同员工保持充分的沟通、协商，设立本部门各岗位的 KPI，并就执行过程中遇到的问题反馈给人力资源部。他们才是考核的主要执行者。

（4）员工：绩效管理中的被考核者，绩效管理对员工来说是一种压力，通常会产生本能的反感，管理者一定要注意做好疏导工作，让员工认识到绩效管理的好处所在，激活员工的优秀欲望。

（四）误区之四：忽视员工的参与

通常，人们对于自己参与和承诺过的事情，会投入更多的精力和时间去努力兑现诺言。绩效考核涉及企业、部门、岗位目标建立与达成、奖金分配，职位晋升等事项与员工利益息息相关。只有得到员工认同、参与和承诺的绩效方案，最后才能促进员工努力达到目标，共享效益成果。员工参与的程度越深，对绩效考核的认同度就会越高，员工的积极性就会越强。

（五）误区之五：完全依赖金钱驱动

日本经营大师稻盛和夫曾说：当一个员工回答管理人员说"好的，我知道了"，那他能达成30%的目标。当员工回答"我会尽力的"，一般他能达成50%的目标。当员工说"这是我的事业，我一定全力以赴"，他能达成90%的目标。

现在是物质时代，物质激励很重要，但同时也不要忽略了精神激励。培养员工的职业精神，在企业内培育家庭的氛围和文化，就如同许多的日本企业一样，员工对企业高度忠诚，通常员工一生只需要选择一次工作，对他们而言频繁换工作是不可思议的，如果因为自己负责的产品质量出现问题导致客户退货，不用管理人员责备，员工自己就有很强的耻辱感和负罪感。让工作性质本身对员工就是一种激励，而不是每天员工一上班就心情郁闷，一到下班时间就心花怒放。

如果企业的激励措施就只剩下钱了，员工和企业之间就只有交易关系，这种金钱的交换关系是最脆弱的，员工时刻关注工资会给的更高的企业，随时准备离开企业。

（六）误区之六：绩效文化的问题

人力资源管理理论从西方引入中国已经几十年了，目前许多大学中均开设人力资源管理专业，为我国的人力资源管理领域的研究和发展带来了很大的进步。但也暴露出了一些问题，中国人与西方人最大的差别是什么？就是文化差异。西方人用得很好的管理工具，可能一拿到中国就变了，甚至完全行不通。特别是在绩效管理文化中，中国人需要在压力与监控下工作，绩效才能好，而西方人喜欢放松与自由的环境。中国人关注人际关系，重视人情关系，中国也是人情味最浓厚的国家之一，我们说话和做事首先要考虑对方的感受如何，我们的关系会更亲密还是会出现紧张。所以管理人员即使是面对表现不佳的员工，表达的方式也很含蓄和留有余地，不愿意一针见血指出员工的不足之处。中国人处事方式是以和为贵，作为管理人员也不愿意得罪人，这就是我们的文化。但绩效管理就是要界定清楚员工表现水平的优、良、中、差；100分、95分、90分、80分或不及格，不允许管理人员当老好人，绩效评分不能使用差不多、还可以、马马虎虎等形容词对员工进行评价，所以许多经理、主管给下属评分时很纠结，总是打人情分、关系分，感觉分打低了不好意思，早就将工作标准与考核标准忘到九霄云外了。

如果缺乏绩效文化的支撑，再好的考核工具也会黯然失色。

（七）误区之七：完美主义者的陷阱

任何考核方案都有优点和缺点，没有完美无缺的考核方案，只有恰到好处地落地执行。我们在操作中要注意用好它的优点，回避它的缺点。比如：360度考评方法，考虑到我们的绩效文化差异，管理人员喜欢做老好人，我们就不要使用360度考评方法用于员工绩效奖金、绩效工资的发放，以免影响考核的公正性和员工的积极性。但可以将360度考核方法用于对员工技能评估，以及学习发展的评估中会非常用效果，员工本人、同事、下级均会对被考核者给出真实的评价，笔者认为这体现了此方法的价值，关键看你用在哪里，而不能一概给予否定。

绩效考核技术就像发展中的企业一样，每一年都在进步和升级，随着时间发生着变化，因为绩效管理的对象：人，每年也都在发生变化，从前的绩效考核工具与激励模型，虽然曾经帮助企业在某一个时期发挥了有效作用，但在下一个经营周期，可能已经失去原来的价值，唯有不断地优化、迭代、创新。

第三章 战略篇：战略性绩效管理系统设计

第一节 战略性绩效管理的总思路

传统绩效管理以会计准则为基础、以财务指标为核心，这种体系以利润为导向，立足于对企业当前状态的评价，既不能体现非财务指标和无形资产对企业的贡献，也无法评价企业未来发展潜力，不能完全符合企业战略发展的要求，在管理和控制中并未充分体现企业的长期利益，无法在企业经营整体上实现战略性改进。随着信息时代的到来，企业核心价值以及获得竞争优势不再体现在有形资产上，企业价值基础来源由有形资源向无形资源改变，来自对人力资本、企业文化、信息技术、内部运作过程质量和顾客关系等无形资产的开发及管理，而这一切都决定于员工素质水平，员工素质是企业战略能否实现的决定性因素之一。这要求绩效管理体系既要体现战略性，又要体现出员工素质导向性，强调员工能力、潜力识别及发展培训。企业管理者要站在战略管理的高度，基于企业长期生存和持续稳定发展的考虑，对企业发展目标、达到目标的途径进行总体谋划。另外，基于传统的绩效管理办法，现实中经常出现一种奇怪的现象：部门绩效突出，但企业战略目标却未能实现。造成这一现象的根本原因在于战略与绩效管理相脱节，即战略的制定和实施未能有效融入绩效管理中，从而未能形成一体化的战略性绩效管理体系。因此，在两种力量的推动下，战略性绩效管理逐渐被理论界所重视，并在企业实践中发挥越来越重要的作用。

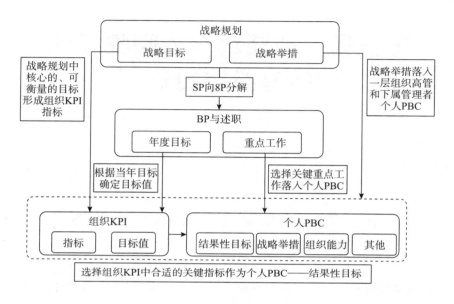

图 3-1　绩效管理全景图

　　具体而言，战略性绩效管理是指对企业的长期战略制定实施过程及其结果采取一定的方法进行考核评价，并辅以相应激励机制的一种管理制度。战略绩效管理即以战略为导向的绩效管理系统，并促使企业在计划、组织、控制等所有管理活动中全方位地发生联系并适时进行监控的体系。其活动内容主要包括两方面：一是根据企业战略，建立科学规范的绩效管理体系，以战略为中心牵引企业各项经营活动；二是依据相关绩效管理制度，对每一个绩效管理循环周期进行检讨，对经营团队或责任人进行绩效考评，并根据考评结果对其进行价值分配。在战略性绩效管理系统中，通过科学、合理的绩效考评，把企业战略思想、目标、核心价值观层层传递给员工，使之变成员工的自觉行为，并能不断地提高员工素质，使员工行为有助于企业目标的实现。

第二节 战略性绩效管理系统设计的步骤和关键点

有一位科学家曾经做过一个实验：他组织三组人员，每组 10 人，让他们在规定的时间内徒步前往 15 千米之外的三个村庄。

第一组人既不知道村庄的名字，也不知道路程的远近，科学家只告诉他们跟着向导走就行了。刚走出两三千米，就有人叫苦、抱怨；走到一半路程的时候，有人跺脚、挥拳，大声地抱怨："为什么要走这么远，何时才能走到头？"因为觉得目标遥遥无期，越往后走他们的情绪越低落，有的人坐在路边不愿意走了，有的人甚至离队返回了。

第二组人知道村庄的名字和路程的远近，但因为路边没有指示牌，无法确切估计行程的时间和距离。走到一半路程的时候，大多数人想知道走了多远，比较有经验的人说："大概走了一半路程。"于是，大家又打起精神，继续往前走。当走到 3/4 的时候，大家开始情绪低落，觉得疲惫不堪，而路程似乎还有很长。这时候，有人说："快到了！快到了！"大家顿时感觉像打了鸡血，又振作起来，迈开步伐向目标前进。

第三组人不仅知道村子的名字、路程，而且每走 1 千米公路旁边就有一块指示牌。人们边走边看指示牌，每走 1 千米便觉得离目标更近一步，虽然身体疲惫，但情绪却一路高涨，大家在欢声笑语中到达了目的地。

这个故事告诉了我们目标的重要性，以及目标对人的激励作用。例如，我们在高速公路上开车一样，每隔一段路程就会出现一个路标，提示我们离目的地还有多远，鼓励你要坚持、不要放弃。笔者有一位在广东工作的河北籍同事，有一年春运无法买到火车票返乡，结果他竟然带全家开车近 30 个小时赶回河北老家，笔者事后很担心他路上的安全问题，他笑着说，对于游子而言，春节回家是一种幸福、神圣的召唤，你不会觉得累的，特别是在高速公路上看到家乡城市的路标时，人瞬间就兴奋了！

美国哈佛大学有一个非常著名的关于目标对人生影响的跟踪调查。对象是一群智力、学历、环境等条件差不多的年轻人，25 年的跟踪研究发现，他们的生活状况和分布现象十分有意思（见图 3 - 2）。

所占比例	目标状态	成就状态
27%	没有目标	社会最底层
60%	目标模糊	社会中下层
10%	有清晰但比较短暂的目标	社会中上层
3%	有清晰并且长期的目标	顶尖成功人士

图 3 - 2　目标的价值

总结：今天的生活状态是由我们三年前的状态决定的！

当人们的行动有了明确目标的时候，并能把行动与目标不断地加以对照，进而清楚地知道自己的行进速度与目标之间的距离，人们行动的动机就会得到维持和加强，就会自觉地克服一切困难，努力达到目标。

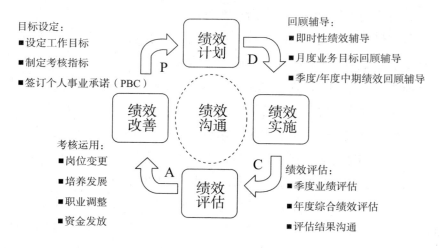

图 3 - 3　绩效管理的 PDCA 循环

美国管理大师彼得·德鲁克于 1954 年在其名著《管理实践》中最先提出了"目标管理"的概念。德鲁克认为，并不是有了工作才有目标，相反，有了目标才能确定每个人的工作。所以"企业的使命和任务，必须转化为目标"。如果一个领域没有目标，这个领域的工作必然被忽视。因此管理者应该通过目标对下级进行管理。当最高层管理者确定了组织目标后，必须对其进行有效分解，转变成各个部门以及每个人的分目标，管理者根据分目标的完成情况对下级进行考核、评价和奖惩。

一、明确企业的使命、愿景和战略目标

在日常生活中，当我们和家人一起远足时，可以想去哪里就去哪里，自由、随性地欣赏沿途风景无疑是一件很美好的事。但在工作中，作为一名管理人员，你必须清楚知道你要去哪里，否则你不仅在浪费自己的时间，也在浪费同事的时间！

企业使命是指企业为什么会存在？企业存在的价值是什么？主要客户是谁？我们能提供的核心服务是什么？企业的使命应当最少持续100年以上。关于企业使命陈述的案例：沃尔玛（Walmart）的使命是为顾客省钱，从而让他们生活得更好！星巴克（StarBucks）的使命是激发并孕育人文精神——每人、每杯、每个社区，耐克（Nike）使命，带给全球所有运动员灵感和创新，谷歌（Google）的使命是使人人皆可以访问并从中受益。

企业愿景是描绘出组织在未来5年、10年或20年后成为什么样子，它绘出了组织发展的美好蓝图。如某广东某高科技企业的愿景是：10年后，我们年度销售额达到100亿元，企业综合实力排名进入同行业前三名！

战略目标是对企业使命、愿景展开的具体化描述，是企业确认的企业经营目的、社会使命的进一步阐明和界定，也是企业在既定的战略经营领域展开战略经营活动所要达到的水平的具体规定。

由于战略目标是企业使命和功能的具体化，一方面有关企业生存的各个部门都需要有目标；另一方面目标还取决于个别企业的不同战略。因此，企业的战略目标是多元化的，既包括经济目标，又包括非经济目标；既包括定性目标，又包括定量目标。尽管如此，各个企业需要制定目标的领域却是相同的，所有企业的生存都取决于同样的因素。德鲁克在《管理实践》书中提出了八个关键领域的目标：

（1）市场方面的目标：应表明本公司希望达到的市场占有率或在竞争中达到的地位；

（2）技术改进和发展方面的目标：对改进和发展新产品，提供新型服务内容的认知及措施；

（3）提高生产力方面的目标：有效地衡量原材料的利用，最大限度地提高产品的数量和质量；

（4）物资和金融资源方面的目标：获得物质和金融资源的渠道及有效利用；

（5）利润方面的目标：用一个或几个经济目标表明希望达到的利润率；

（6）人力资源方面的目标：人力资源的获得、培训和发展，管理人员的培养及个人才能的发挥；

（7）员工积极性发挥方面的目标：对员工激励，报酬等措施；

（8）社会责任方面的目标：注意公司对社会产生的影响。

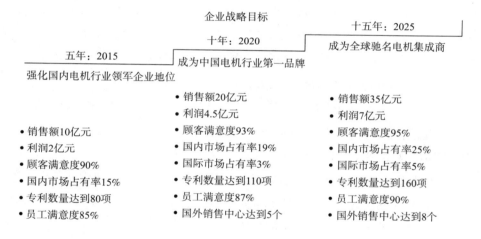

图 3-4　广东省某高科技企业的战略目标

二、明确部门的使命、职责和目标

（1）部门的使命：用一句话或一段高度精练的话表达部门对于集团公司的价值。

部门的使命在一段时间内，通常是稳定不变的，以对部门的思想和行为具有相对持久的引导力和驱动力。内容包括所面对的客户、提供的产品和服务。

（2）部门的职责：概括部门为实现价值所履行的主要活动，应该要详细说明部门职能工作的明细内容，并列出工作频率和考核标准。

（3）部门的目标：首先是费用目标，衡量部门工作费用支出的主要指标；其次是职能目标，衡量部门工作职能的主要指标；再次是客户满意度目标，衡量经营结果的驱动力指标，包括内部客户满意度和外部客户满意度；最后是关键能力目标，包括但不限于部门为实现上述三方面目标所必须具备的能力。

（4）部门的 SWOT 分析与总结。部门面对产业环境变化造成的机会，以及面对的威胁是什么？我们和主要竞争对手相比较，具有哪些优势和劣势。

（5）承接集团公司"2018～2020 年必须要打赢的硬仗"，制定部门主要策略。

（6）落实部门主要策略的推进计划和里程碑。

（7）确定部门组织保障和资源需求，包括：组织结构及人员编制、部门核心工作流程、资源需求及部门财务预算。

	优势（Strength） •和主要竞争对手相比较已经具备的职能优势是什么？ 1.……	劣势（Weakness） •和主要竞争对手相比较已经存在的职能劣势是什么？ 1.……
机会（Opportunity） •由于产业环境（供求、技术、政策等）变化造成的机会，以及由于竞争格局变化带来的机会是什么？ 1.……	SO •如何利用优势抓住机会？ 1.……	WO •在劣势条件下，如何抓住机会？ 1.……
风险（Threats） •由于产业环境（供求、技术、政策等）变化造成的威胁，以及由于竞争格局变化带来的威胁是什么？ 1.……	ST •如何利用优势减少威胁？ 1.……	WT •在劣势条件下，如何减少威胁？ 1.……

图 3－5　××部门的 SWOT 分析总结

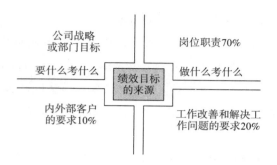

图 3－6　绩效规划

举例：某企业人事行政部职能说明

表 3－1　部门职能

部门职能		职位编号	
		版本版次	A/1
		编制日期	2014 年 10 月 6 日
部门	人事行政部	部门编制	36 人
上级主管部门	总经理	修订日期	2014 年 10 月 6 日
部门职能概述	依据公司发展战略目标及实际需求，负责公司人力资源规划、工作分析、招聘管理、培训管理、薪酬管理、绩效管理、人才培养晋升、制度体系建设及行政安全管理等工作		
职能工作项目	各职能工作明细	考核标准	
人力资源规划	①负责组织外部、内部人力资源环境分析，预测外部人才供给及内部人才供给 ②依据公司年度经营计划，分析预测公司人力资源需求，制订年度招聘计划 ③结合公司发展规划，拟定公司组织架构，提报公司职位设置及定岗定编 ④负责主导各部门进行工作分析，辅导部门编写职位说明书并修订监督执行	①公司及部门架构清晰、权责明确 ②职位职责、权限、任职要求明确	

续表

职能工作项目	各职能工作明细	考核标准
招聘管理	①负责建立公司招聘体系，招聘流程，面试流程 ②负责建立人才评估体系，完善综合素质测评、笔试等题库 ③负责招聘渠道开发与维护；利用各种渠道满足公司招聘需求 ④负责现场招聘展位提前预定，并审核确定招聘信息，准时参加招聘会 ⑤负责公司年度、月度招聘计划拟定并实施，每月进行招聘结果总结并改进 ⑥负责招聘费用预算申报，在满足人才招聘需求的前提下控制招聘成本 ⑦负责人员面试通知及初步筛选，组织实施笔试、测评考核 ⑧负责通知已录用的人员报到，安排好接待工作并知会入职手续办理人 ⑨负责人才储备库建立及维护，定期调查了解离职员工状况，了解离职的主要原因并储备离职人才	①招聘管理体系化，规范化，流程清晰 ②人才筛选题库健全 ③所开发招聘渠道满足人才招聘需求 ④每月提交招聘计划，达成率80% ⑤招聘费用控制在公司预算内 ⑥按照公司文化要求，礼貌并诚恳地接待每位求职者
培训管理	①负责建立公司培训体系，培训流程，并逐步完善 ②负责开展培训需求调查、分析，针对不同部门与职位制订公司培训计划 ③负责组织实施公司各类培训（入职培训、在职培训、储备培训等），沉淀培训模式 ④负责开发外部培训渠道，引进适合公司发展的外部培训资源 ⑤负责进行培训效果评估，制定再培训方案 ⑥负责成立内部讲师团，培训内部讲师 ⑦负责规划整体培训项目，培训费用预算，控制培训成本 ⑧主导各部门开展部门培训，并将培训业绩纳入绩效考核	①培训系统化，明确各部门每年要完成哪些培训课程，分别要达到什么效果 ②引进外部培训资源满足内部培训 ③公司讲师团最少沉淀讲师8名 ④公司培训计划完成率：95% ⑤每周组织一次新员工入职培训 ⑥管理人员每年进行一次拓展训练 ⑦每年进行一次培训需求调查，每半年进行一次培训满意度调查，每月总结改善

续表

职能工作项目	各职能工作明细	考核标准
绩效管理	①负责建立绩效考核体系，针对不同职位特点采用不同的考核方式；实行分级考核制度 ②负责提取部门绩效考核标准，确定考核指标，并评估考核指标的可行性和科学性，有效性 ③负责收集各部门考核结果，统一汇总提交并存档 ④负责组织绩效考核面谈工作，真正让员工知道工作中存在的问题，并提出改进建议 ⑤定期或不定期调查各部门绩效考核开展状况，逐步改善	①考核体系科学、合理、可操作性强 ②完成公司（中心）绩效考核 ③考核结果每月8日统计提交 ④考核结果统计错误次数0次 ⑤组织绩效面谈，完成率100% ⑥考核结果反馈按时完成
薪酬管理	①负责建立薪酬管理体系，设计符合公司发展的具有竞争力的薪酬结构；设定阶梯式工资等级，规范公司薪酬管理 ②定期了解劳动力市场、同行业、同地区、国家与当地等薪酬状况，结合实际调整公司薪酬政策 ③负责薪酬满意度调查，为公司薪酬调整提供参考依据 ④负责制定工资管理相关表格，设定各级别工资晋升标准，沟通员工实施 ⑤负责每月按时核算工资并提交财务审核	①薪酬架构科学、具有吸引力、竞争力 ②每年进行一次薪酬状况调查 ③每月15日提交工资表，核算延误或计算错误次数：0次
常规人事管理	①负责人员入职、离职、异动等手续办理；并在第一时间知会相关负责人 ②负责每月社保、意外险、工伤意外险购买及理赔手续办理 ③负责新员工社保卡、居住证办理 ④负责入职人员劳动合同、入职须知、基本规章制度签订 ⑤负责人事立户、招调工手续申报与跟进 ⑥负责人事档案整理、保存与管理 ⑦负责人事证照管理及年审，并建立证照档案 ⑧负责组织新员工试用期转正评估	①严格按照公司流程办理各类人事手续 ②每月保险办理按期完成 ③劳动合同、入职须知、员工基本行为规范在报到后一星期内组织培训并签订 ④劳资纠纷事件次数：0次 ⑤人事档案信息资料准确率、完整率100% ⑥人事证照按规定管理，按期办理年审并做好使用登记 ⑦试用期转正评估完成率：100%

续表

职能工作项目	各职能工作明细	考核标准
制度流程建设	①建立《考勤管理制度》及请假流程 ②建立《离职、入职管理制度》及流程 ③建立《人事异动管理制度》及流程 ④建立《员工阶梯晋升管理制度》及流程 ⑤建立《招聘管理制度》及招聘流程、面试流程 ⑥建立《培训管理制度》及培训流程 ⑦建立《绩效考核管理制度》及考核流程 ⑧建立《薪酬管理制度》及流程 ⑨建立《员工福利管理制度》及流程 ⑩建立其他行政、后勤、安全各项管理制度	①各项制度根据公司实际状况并结合法律法规制定 ②工作流程与制度相适用 ③监督各项制度与工作流程实施
人才激励模式	①制订公司人才激励及培养计划，每年对符合晋升要求的人才组织考核实施 ②建立阶梯式人才发展模式 ③对不同岗位设置适合的激励方式。如职务轮换、工作丰富化、交叉培训等	①人才培养计划达成率：85% ②人员流失率：9%
员工福利管理	①奖金分配与发放管理制度建立，沉淀模式 ②津贴发放管理体制建设，旅游、节日慰问等福利建设 ③年薪制建立，股权激励机制建立	①根据行业特性，结合地方法律法规，完善公司福利制度
政务及法务管理职能	①负责公司行政接待与会议管理 ②负责公司制度流程建设与监督管理 ③负责公司法律事务管理、劳资及经济纠纷、理赔 ④负责公司通信、接待、外出等行政费用管理	①客户满意度及投诉率 ②制度监督执行率 ③纠纷、理赔及时性与经济性 ④成本费用控制率
后勤管理职能	①负责公司食堂服务及饭菜质量、卫生、管理 ②负责公司宿舍安全、卫生清洁管理 ③负责公司绿化、保洁管理 ④负责公司后勤维修维护	①食堂服务、饭菜质量 ②后勤成本费用控制合理化 ③厂区卫生及绿化建设达成率 ④后勤维修及时性

续表

职能工作项目	各职能工作明细	考核标准
安全管理职能	①负责公司"三防四控"安全管理 ②负责公司车辆及人员出入管理 ③负责公司物资携入携出管理 ④负责公司及场区治安管理 ⑤负责公司消防器材及安防演习管理 ⑥负责公司突发事件处理 ⑦工伤预防监督管理，环境健康管理 ⑧厂规厂纪、劳动纪律监督	①厂区工伤及安全事故率 ②车辆及人员安全进出管控标准化 ③物质出入流程执行率 ④厂区打架、斗殴、偷盗等治安事件发生率 ⑤消防演习举办及时性与有效性 ⑥厂规厂纪、劳动纪律监督执行率
部门资产管理与成本管控职能	①负责部门固定资产维护、保养管理 ②负责公司办公用品管理 ③节能减排管理，监督公司能源消耗	①固定资产维修管控维修及时性 ②办公用品及文具管控及时性与有效性 ③能源消耗监督及时性
IT管理	①维护、搭建、配备、优化计算机网络，确保公司网络功能正常运行 ②互联网及局域网管控杀毒及安全维护管理，保证网站和邮件系统安全使用 ③授权网络权限开通与登记 ④电脑密码与日常网络使用异常检测登记。（每月一次） ⑤办公设备电话机、打印机、复印机、传真机、扫描仪、广播系统、考勤机、投影仪日常维护与管理 ⑥红外线报警器、监控设备的安装检测与维护保养管理 ⑦数据备份管控（网站密码，路由器密码，邮箱密码等定期备份各部门）	①网络运行的顺畅性 ②监控系统安全完善性 ③电话机、打印机、复印机、传真机、扫描仪、广播系统、考勤机、投影仪使用畅通性 ④网络设备及监控设备故障排除效率及日常保养率 ⑤数据备份及时性及准确性 ⑥网络设备病毒查杀与系统升级的及时性
企业文化建设职能	①企业文化建设及宣导职能 ②企业文化活动组织、策划、实施职能	①企业文化建设及宣传的及时性 ②公司各项文化活动举办的及时性

续表

职能工作项目	各职能工作明细	考核标准
审核认证管理	①社会责任体系建设及反恐体系建设及推广完善 ②负责社会责任及反恐体系验厂审核接待与执行 ③负责根据社会责任及反恐验厂审核改善工作 ④验厂体系相关记录表格规划与制作 ⑤内外审现场整顿规划	①体系建设完善性 ②验厂审核通过率 ③审核问题改善计划制订与实施 ④体系相关记录表格制作及时性与准确性 ⑤现场整顿方案制作及时性与完善性

三、承接部门职能工作，进行工作岗位分析，梳理岗位职责，建立各岗位的工作说明书

岗位分析又称工作分析、职位分析，是通过一系列的信息收集和分析手段，对企业各类岗位的性质、任务、职责、劳动条件和环境，以及员工承担本岗位任务应具备的资格条件所进行的系统分析与研究，并由此制定岗位说明书的过程。

（一）岗位分析的作用

（1）工作岗位分析为招聘、选拔、任用合格的员工奠定了基础。通过工作岗位分析，掌握了工作任务的静态与动态特点，能够系统地提出有关人员的文化知识、专业技能、生理心理品质等方面的具体要求，并对本岗位的用人标准作出具体而详尽的规定。这就使企业人力资源管理部门在选人用人方面有了客观的依据，经过员工素质测评和业绩评估，为企业单位招聘和配置符合岗位数量和质量要求的合格人才，使人才资源管理的"人尽其才、岗得其人、能位匹配"的基本原则得以实现。

（2）工作岗位分析为员工的考评、晋升提供了依据。员工的评估、考核、晋级和升职，如果缺乏科学依据，将会挫伤各级员工的积极性，使企业单位的各项工作受到严重影响。根据岗位分析的结果，人力资源管理部门可制定出各类人员的考评指标和标准，以及晋职晋级的具体条件，提高员工绩效考评和晋升的科学性。

（3）工作岗位分析是企业单位改进工作设计、优化劳动环境的必要条件。通过工作岗位分析，可以发现生产和工作中的薄弱环节，反映工作设计和岗位配置中不合理不科学的部分，发现劳动环境中危害员工生理卫生和劳动安全、加重员工的劳动强度和工作负荷、造成过度的紧张疲劳等方面不合理的因素，有利于改善工作设计，优化劳动环境和工作条件，使员工在安全、健康、舒适的环境下工作，最大限度地调动员工的工作兴趣，充分激发劳动者的生产积极性和主动性。

（4）工作岗位分析是制定有效的人力资源规划、进行各类人才供给和需求预测的重要前提。每个企业对于岗位的配备和人员安排都要预先制定人力资源规划，并且要根据计划期内总的任务量、工作岗位变动的情况和发展趋势，进行中长期的人才供给与需求预测。工作岗位分析所形成的工作说明书，为企业有效地进行人才预测、编制企业人力资源中长期规划和年度实施计划提供了重要的前提。

（5）工作岗位分析是工作岗位评价的基础，而工作岗位评价又是建立健全企业单位薪酬制度的重要步骤。因此，可以说，工作岗位分析是企业单位建立对外具有竞争力、对内具有公平性、对员工具有激励性的薪酬制度的条件。

（二）进行岗位分析的常用方法

1. 访谈法

此方法是进行工作岗位分析时最具实用价值的方法，同时也是管理人员同员工进行工作沟通时，获取信息的重要方法，本书中将做重点介绍，希望朋友们学习要点，并在工作中进行运用。

访谈法适用面较广，是一种被企业广泛采用，相对简单、便捷地收集岗位信息的方法。通过与各类人员的接触谈话，收集与岗位设置有关的各类信息。

访谈法的特点：

第一，访谈者与被访谈者面对面进行交流，相互作用。

第二，由于访谈者和被访谈者都是有思想、有感情、有心理活动的活生生的人，而且整个访谈过程是通过口头交流的方式获取有关研究资料的方法，因此，访谈过程首先是人与人之间的交往过程。

第三，访谈法具有特定的科学目的和一整套的设计、编制和实施的原则。

综上所述，在一定程度上，访谈法比观察法获得有关研究对象更多、更有价值、更深层的心理活动情况和心理特征方面的信息，同时，也比观察法更复杂、更难以掌握。此方法对管理人员也提出了更高的要求，你必须学会和人平等地相处和交流，使员工愿意告诉你想要的东西，但前提是员工愿意接受你，你不是来下命令的，你要会控制你的情绪和说话的方式。

（1）访谈法的类型。

1）结构访谈又称标准化访谈，指按照统一的设计要求，按照有一定结构的问卷而进行的比较正式的访谈。结构访谈对选择访谈对象的标准和方法、访谈中提出的问题、提问的方式和顺序、被访谈者回答问题的方式、访谈记录的方式都有统一的要求。结构访谈的好处在于访谈结果便于统计分析，对于不同访谈对象的回答易于进行对比分析。

2）非结构访谈又称非标准化访谈，指只按照一个粗线条式的访谈提纲而进行的非正式的访谈。非结构访谈有利于发挥访谈者和被访谈者的主动性、创造性，有利于适应各被访谈者的具体和特殊情况，有利于拓宽和加深对问题的研究，也有利于处理原来访谈设计方案中没有考虑到的新情况、新问题。

3）直接访谈又称面对面的访谈，即访谈者与被访谈者进行面对面的交谈。直接访谈的突出特点是访谈双方直接发生相互影响、相互作用。其最大的好处在于，访谈者不但能广泛、深入地探讨问题，了解被访谈者的思想、态度、情感和其他各种情况，而且还能亲自观察被访谈者的有关特征和他们在访谈过程中的很多非语言信息，从而加深对谈话内容的理解，利于判断访谈结果的真实可靠性。

4）间接访谈就是访谈者通过一定的中介物和被访谈者进行非面对面的交谈。目前，间接访谈的主要方式是电话访谈。其优点是收集数据资料时间快，节省研究费用，对访谈者的要求不高，保密性较强。

综上所述，访谈法的这些方法各有优缺点，我们在使用的过程中，要根据实际情况来选择最适合的方法。

（2）访谈的步骤。

1）访谈前的准备工作。充分做好访谈前的一系列准备工作，是保证访谈成功的重要前提。这些准备工作主要包括：

第一，对访谈岗位工作内容进行了解。

第二，带齐访谈所需的材料，包括：部门组织结构图、职责分工表、部门工作计划、部门工作流程图等。

第三，尽可能了解访谈对象的信息：员工身份信息表、个人表现评价表、试用期评估表。

第四，选择好合适的访谈时间和地点：提前1~2周和员工的主管进行预约，并告诉该员工，让员工有所准备。员工访谈不要搞突然袭击。

2）接近访谈对象。实际访谈的第一步是接近访谈对象，那么，访谈者应注意：第一，访谈者的衣着打扮应干净整洁。第二，在自我介绍阶段，访谈者应该沉着自信，不能给人盛气凌人的感觉。第三，要使用正面肯定语气邀请访谈对象参加访谈研究。第四，应通过适当方式让访谈对象放心，对谈话的内容保密。

3）访谈内容的记录。对访谈内容的记录方式一般有两种，一是笔记，二是录音。两种方式各有优缺点。笔记一般不会遭到访谈对象的拒绝，但难以记下访谈对象所说的每一句话，但是录音机可以做到这一点，但访谈对象一般不愿意被录音，而且，录音后仍需把录音转为文字资料，其工作量十分巨大。所以，有的时候，访谈者可以再配一名专门记录的人员来负责记录。

4）访谈的结束和再次访谈。访谈活动的最后一步就是做好访谈的结束工作，如果需要还应为再次访谈做好安排。应注意：①严格控制和掌握访谈的时间，每次访谈不宜时间过长，一般以一两个小时为宜。②应善于根据访谈气氛的变化和临时出现的各种特殊情况做出应对。③访谈结束时要向访谈对象表示感谢。④如果需要，要向对方表示，今后可能还要再次合作，希望再次请教有关问题。

5）访谈结果的整理。结构性访谈的结果便于整理，非结构性访谈的结果相对而言比较难以整理分析，因为其内容为描述性的，并且可能分散，量化分析比较困难。在对访谈结果进行整理和分析的基础上，就可以做出结论和推论，并将其以研究报告的形式呈现出来，至此，整个访谈研究也就圆满结束了。

　　管理人进行工作分析时，同员工进行结构化访谈问题样本：（仅供参考）

　　请问您的姓名、职业？您进公司多长时间了？

　　请问您是在哪个部门任职？直接上级主管是谁？部门经理是谁？

　　您所在的岗位目标是什么？您的上司告诉过你吗？

　　您工作的主要职责是什么？请举一到两个实例。

　　您认为您从事的是一份什么样的工作？简单描述一下，您的工作使你快乐吗？您喜欢这份工作吗？

　　工作繁忙程度与工资是否相符合？是否需要经常加班？您对报酬满意么？

　　您认为您在企业处于什么样的地位？企业所赋予您最主要的职权有哪些？您对该职权有何意见或您认为哪些需要重新界定？您对您目前的职务满意吗？

　　请问您工作方面遇到的最大的挑战是什么？有其他人员协助吗？

　　工作中您觉得哪方面您容易出错？一般出错的主要原因是什么？对其他工作有没影响？影响一般是什么？

　　任职岗位的要求大致有哪些？比如：教育背景、工作经验、心理素质等。

　　工作中需要与哪些部门人员接触？都是哪方面的？使用的方式是什么？比如：电话联系、面对面地交流等。

　　企业经常从哪方面对您的工作绩效进行考核？您认为从这些方面来考核是否合理，有什么好的建议？

　　您对与您现在的工作环境满意吗？您觉得有哪些方面需要改进的？

　　您工作中使用的设备有哪些？常用的有哪些？

　　您认为工作中有什么影响到您的安全或您认为有什么不安全因素在您的工作中？

　　如果一位新员工担任您现在的职位，您觉得他（她）大概需要多长时间才能适应？

您觉得这份工作要从哪些方面进行培训？企业要考虑提升员工哪方面的技能？

您对此工作最满意的和最不满意的地方在哪里？

温馨提示：HR管理人员应该掌握访谈法的使用技巧，它对于我们有效开展管理工作是非常有效的，同时也向被访谈员工及其部门领导展示了你的专业水准，所谓一举多得！

2. 问卷调查法

问卷调查法也称问卷法，是调查者运用统一设计的问卷向被选取的调查对象了解情况或征询意见的调查方法。

用问卷调查法进行岗位分析的优点在于能够向众多员工迅速了解信息，节省时间和人力；员工填写工作信息的时间较为宽裕，不会影响工作时间，适用于在短时间内对大量人员进行调查；结构化问卷所得到的结果可由计算机处理，费用低。缺点在于问卷的设计需要花费时间、人力和物力，费用较高；单向沟通方式，所提问题可能不被员工理解，可能造成填写者不认真填写，影响调查的质量。

3. 观察法

观察法是管理人员到现场，通过观察任职者的工作状态，进行岗位信息收集和分析的方法。

观察法所适用的被观察者应该有相对稳定的工作和相对固定的工作场所，大量标准化的、周期较短的以体力活动为主的工作，如组装线工人、保安员、前台接待、仓库人员、餐饮人员、清洁工等岗位，更适合采用观察法。

4. 工作日志法

工作日志法是通过员工每天写下的工作日志，进行岗位信息收集和分析的方法。难点是要对员工做工作日志的要求，比如工作日报、周报、工作计划等，还要指导员工进行工作日志记录的标准格式，才能方便管理者提炼岗位信息。

日志法的优点在于前期以较小的直接成本就能获得大量的、更为准确的信息。缺点在于加大员工工作负担，员工可能存在夸大自己工作重要性的倾向，或者由于文化水平的原因无法准确描述自己的工作。

（三）岗位说明书的内容

岗位说明书的格式并没有国家或行业标准，我们仅提供企业常用的格式给大家参考，每家企业可以根据实际情况进行修改和优化。

1. 基本信息

基本信息包括岗位名称、岗位编号、所属部门、直接上级、直接下级、岗位薪级、岗位类别、岗位定员、编制日期、编制者、核准者等，公司可根据实际情况和人力资源部具体规范要求填写。如表 3 – 2 所示。

表 3 – 2　基本信息

岗位名称		岗位编号	
所属部门		岗位薪级	
直接上级		岗位类别	
直接下级		岗位定员	

2. 岗位概要

岗位概要是岗位工作的概括性描述，可以用几句话简明扼要地说清楚该岗位存在的目的。

3. 工作职责

工作职责描述的是岗位的主要工作内容，是岗位说明书中最重要的内容之一。当职责较多时，应分项逐条列出。

4. 工作沟通关系

工作沟通关系包括内部沟通和外部沟通关系。内部主要指公司各部门；外部指该岗位需要接触的公司外部单位或机构。

工作沟通包括四项内容：沟通对象、沟通事项、沟通程度以及沟通频率。沟通频率按照该岗位针对同一沟通对象每天/每周/每月的沟通次数，一般分为偶尔沟通（一个月几次），经常沟通（一周两三次），持续沟通（每天）。如表 3 – 3 所示。

表 3 - 3　工作沟通

沟通类型	沟通对象	沟通事项	沟通程度	沟通频率
内部沟通				
外部沟通				

5. 任职要求

任职要求说明任职者从事该项工作必须具备的知识、技能、能力、爱好、体格和行为特点等要求，具体来说又包括以下内容：任职资格、教育水平、工作经验、所需培训、专业知识、学习能力、沟通能力、决策能力、适应能力、控制能力、执行能力等。如表 3 - 4 所示。

表 3 - 4　任职要求

教育水平	
工作经验	
专业知识	
能力素质	
其他要求	

公司可根据实际需求和岗位特点，制定任职要求，以此作为人员筛选、任用和调配的基础。

6. 工作条件

工作条件包括工作环境、工作时间与工作所需设备工具。工作环境是该岗位所处的环境艰苦程度，一般用较好、一般、艰苦来描述；工作时间是该岗位工作时间的长短，主要包括正常工作时间、平均加班时间、平均出差时间以及班制形式四个方面的内容；工作所需设备工具是该岗位工作中需要接触的各种设备工具。如表 3 - 5 所示。

表 3 - 5　工作条件

工作环境	本岗位以室内工作为主，基本不涉及室外工作
工作时间	本岗位实行 8 小时工作制，做五休二，基本不涉及加班和出差
使用工具及设备	打印机、传真机、电脑、电话

7. 绩效考核

针对此岗位的工作职责内容，列出相关的考核项目及其权重值。

四、参考资料

（一）某高科技企业人力资源经理工作说明书

表 3 − 6　人力资源及行政经理岗位说明书

一、基本资料

职务名称	人力资源及行政部经理	直接上级	总经理助理	照片
晋升方向	人力资源总监	轮转岗位	总经理秘书	
所属部门	人力资源及行政部	核准人	总经理	
岗位级别	8 级	生效日期	2016 年 9 月	

二、职位概要

在公司管理层的领导下，参与制订公司发展战略和年度经营计划，全面负责公司行政、人力资源管理工作，规范、建设公司的人力资源管理体系；规划、指导、协调公司人力资源管理与组织建设，不断完善公司人力资源管理制度、流程，力求公司人力资源的合理、高效使用；培育公司优秀的企业文化，妥善协调劳资关系；指导下属进行公司各种日常人力资源事务的管理，高效服务各部门

三、主要工作职责

主要工作内容	考核衡量指标	权重
①在总经理的领导下，参与制订公司发展战略和年度经营计划，负责公司组织架构内人资、行政各项管理工作，做好本部门工作计划、目标、费用预算，成本管控及日常管理、监督检查，绩效考评。并向公司领导提出相关工作改进建议，更好地提升部门及组织绩效	①人力资源及行政部常规及日常工作完成质量，及时性及有效性	5%
②协助管理层进行公司人力资源规划，对公司组织架构内的人力资源进行测评及合理配置，组织各部门进行职务分析、职务说明书的编制并监督执行。协助各部门负责人进行公司定岗、定职、定责、定员工作，尽量确保公司按需设岗、按岗定人、人尽其才	②行政、人事事务服务态度及质量（投诉≤3次/月）	
③协助总经理规划、指导、协调公司人力资源管理与组织建设，不断修订、建立、健全公司人力资源管理制度及其作业流程，及时发现问题，解决问题，预防问题；公正公平执行制度，并不断完善《员工手册》，随着社会及企业的发展需要更新版本	③ 岗位职责覆盖率100%	

续表

主要工作内容	考核衡量指标	权重
④负责协调和指导本部门和各用人部门的聘用、晋升、职称、调动、奖惩、培训、薪资、绩效考评、离职、请假、考勤、安全、社保、工伤、劳动纪律、5S稽查等日常工作的管理、监督审核	④招聘到岗及时率：≥90%	20%
⑤指导下属进行公司各种日常行政、人力资源事务的处理，替各部门提供专业人力资源管理与服务，尽量确保公司人力资源的合理、高效使用。高效的服务、支持各部门	⑤员工流失率（连同部门考核）≤5%	20%
⑥指导下属开展公司的绩效考评工作，审核确定各层级绩效指标，保证指标目标的科学性和有效性	⑥工伤发生次数：≤5次/年	10%
⑦负责对公司所在地的人才状况与外部环境进行调研，制定、修订公平合理和有竞争力的薪资、福利制度，呈总经理批准后监督实施。每月车间员工及部分职员工资的审核	⑦培训计划执行率：100%	
⑧指导下属开展全公司人员的招聘活动，拓展招聘渠道，大力引才，全力满足各部门的用人需求	⑧培训合格率：≥90%	10%
⑨指导、安排新进员工座谈与离职面谈、离职调查及每月人力资源数据的统计分析；查找相关问题点及制定相关措施供部门及公司管理层参考，以确实提升公司各项管理，降低员工的流动率	⑨劳资纠纷次数：1次/年	
⑩与行政、人力资源相关对外政府部门的联络、协调，相关证照办理及年审	⑩员工满意度：≥75%	
⑪每年校园宣讲、招聘；大学奖学金设立，管理	⑪公司防火、防盗：0次/年	20%
⑫指导下属开展公司培训工作，完善培训管理制度	⑫文体娱乐及相关活动开展次数：年不低于6次	5%
⑬安排劳动合同的签订和管理工作，和公司法务部门代表公司协调解决劳资纠纷		
⑭与企划部进行公司优秀企业文化的建设，负责文体娱乐活动的开展，启动并组织实施确保能够监控和保障员工身心健康的项目；倡导公司主流价值观		
⑮协调行政后勤系统的人力和物力，包括安全保卫、消防、食堂、宿舍、绿化、卫生、车辆、饮食及后勤招待等，维护公司及员工生命财产的安全，为公司的正常运转、大型会议及活动提供优质的工作、生活环境及后勤保障和服务		
⑯其他临时性工作及公司领导临时交办的工作任务		

四、任职资格

教育背景：人力资源管理专业或其他文科、管理类、电子类专业，本科（含）以上学历或同等学力

培训经历：受过现代人力资源管理技术、管理学、心理学、领导艺术、劳动法规及沟能技能等知识的培训；具备人力资源管理师职业资格

所需经验：人力资源管理工作经验 8 年以上，其中 5 年以上大中型企业人力资源经理或同等工作经验

基本技能：

1. 具备现代企业人力资源管理理念，参与过大型公司经营管理或行政管理工作的规划、建立和实施；对现代企业人力资源管理模式有一定的了解和实践经验积累

2. 熟悉 HR 管理流程，熟练掌握从招聘、挑选、训练、安置、异动、薪资、考勤、请假、离职、奖惩、绩效考评、企业文化等整个人力资源管理工具

3. 文笔流畅，有一定文案功底，计算机操作熟练

4. 具有优秀的管理、团队协作及组织、沟通协调能力

5. 熟悉国家、地方劳动法律法规；具良好的服务理念，对 ISO9000 质量管理体系、环境管理体系、职业健康安全管理体系有一定了解

个性特征：思维敏捷，性格开朗热情、耐心；忠诚守信，工作严谨，敬业，责任心强，能承受压力；处事公正公平

五、工作环境：办公室。工作环境舒适，无职业病危险

（二）某机场要客接待室主任工作说明书

某机场要客接待室主任工作说明书

第一部分 岗位规格说明

一、基本资料

岗位名称：要客接待室主任	岗位级别：5 级
岗位编码：12003	定员标准：1 人
直接上级：要客部副经理	分析日期：×年×月×日

二、岗位职责

（一）概述

在要客部经理的领导下，全权负责进出港重要客人及股份公司领导和要客部领导交办的要客在候机楼内的接待工作；贵宾休息室的预订、调配和结算；专机、包机业务联系。

（二）工作职责

1. 要客接待室主任要根据要客部战略目标和经营管理体制，制定本部门的各项规章制度并监督实施。

2. 全权负责进出港要客在候机楼内的接待工作。

3. 协调海关、边防、公安分局、各大航空公司等部门的关系，保证要客顺利进出港，树立要客部最佳服务形象。

4. 负责要客信息的搜集整理和报道，贵宾休息室的预订、调配和结算，以及相关的复印、打字、传真和订票等商务工作。

5. 拓展包机及商务飞机的服务领域，协调有关部门确保商务活动的顺利进行。

6. 制订本部门的工作计划、业务学习计划及考核办法，抓好本部门的工作纪律，定期对下属员工的工作进行监督检查。

7. 全面负责本部门的员工的思想政治工作，对党、团、工会、女工等项党群工作进行指导监督。

8. 定期向要客部领导汇报本部门工作业务开展情况，及员工的思想政治状况，充当上下级之间的桥梁和纽带。

三、其他职责

完成领导交办的其他临时工作。

四、监督及岗位关系

（一）所受监督和所施监督

1. 所受监督：要客接待室主任直接受要客部经理的监督指导。

2. 所施监督：对下属的主任助理、商务中心人员、接待人员、专包机业务员等进行直接监督指导。

（二）与其他岗位关系

1. 内部联系：本岗位与贵宾休息室有业务上的协调和配合关系；与综合办公室有指导和协调关系；

2. 外部联系：本岗位与全国各大航空公司、海关、边防、卫生检疫、护卫中心、公安警卫等部门有业务上的合作关系。

（三）本岗位职务晋升阶梯图

接待室主任→要客部经理助理→要客部副经理→要客部经理

（四）本岗位横向平移情况

本岗位可向其他职能部门室主任岗位平移。

五、工作内容及工作要求

表 3 - 7　工作内容及工作要求

工作内容	工作要求
①要客接待室主任要根据要客部战略目标和经营管理体制，制定本部门的各项规章制度并监督实施。 ②全权负责进出港要客在候机接内的接待工作。 ③协调海关、边防、公安分局、各大航空公司等部门的关系，保证要客顺利进出港，树立要客部最佳服务形象。 ④负责要客信息的搜集整理和报道，贵宾休息室的预订、调配和结算，以及相关的复印、打字、传真和订票等商务工作。 ⑤拓展包机及商务飞机的服务领域，协调有关部门确保商务活动的顺利进行。 ⑥制订本部门的工作计划、业务学习计划及考核办法，抓好本部门的工作纪律，定期对下属员工的工作进行监督检查。 ⑦全面负责本部门的员工的思想政治工作，对党、团、工会、女工等项党群工作进行指导监督。 ⑧定期向要客部领导汇报本部门工作业务开展情况，及员工的思想政治状况，充当上下级之间的桥梁和纽带。	①规章制度的制定应根据本部门工作的实际，切实可行，确保有效实施，监督有力。 ②协调办理要客登接机免检手续和 VIP 证件、贵宾停车场的管理工作，确保要客满意率 100%。 ③确保有关部门关系畅通。要客登机准时率到达 100%。 ④信息准确，服务到位，收费合理。差错率控制在 0.01%。 ⑤积极拓展专、包机业务。培育新的经济增长点。 ⑥计划应包含年度计划和中长期规划；业务学习应每月不少于 2 次；对员工考核有据，纪律严明，奖勤罚懒，确保公平、公正。 ⑦每月应向要客部领导汇报本部门工作 2 ~ 3 次，做到上情下达，下情上知。

六、岗位权限

1. 对要客接待室的业务和行政管理工作有指导和监督权。

2. 有权对下属员工的奖惩提出建议。

3. 有对上级部门提出合理化建议和意见的权利。

4. 根据股份公司的规定有权对员工的假期审批提出建议。

5. 有就本部门的规划，向上级领导申报设备更新改造和申请拓展新的经营领域的权利。

七、劳动条件和环境

本岗位属于手工工作，室内坐姿结合室外走动进行，属于较轻体力劳动，工作环境温、湿度适中，无噪声、粉尘污染，照明条件好。

八、工作时间

本岗位实行每周40小时的标准工时制。

第二部分　任职资格要求

九、资历

1. 工作经验：具有三年以上接待服务的相关工作经验。

2. 学历要求：具有大专以上文化程度。

十、身体条件

本岗位要求身体健康，精力充沛，具有一定的协调力、控制力、调整力和记忆力。

十一、心理品质及能力要求

1. 智力：具有较强的学习能力、理解指令和原理的能力及推理判断能力。

2. 语言能力：口头和书面语言表达流利。

3. 具有一定的组织领导能力、管理能力、计划能力及实施运作能力。

4. 严谨、细心，善于发现问题，并能及时作出判断。

5. 具有较强的安全意识和保密意识。

十二、所需知识和专业技能

（一）担任本岗位职务应具备的专业知识和技能。

1. 掌握服务接待规范或相关专业知识。

2. 具有一定的外语水平，能够运用英语进行简单的听、说、读、写。

3. 具有一定的计算机水平，能够使用计算机办公自动化软件。

4. 具有公关意识，善于把握市场动态和接受先进的管理经验。

5. 具有丰富的社会经验。

（二）招聘本岗位员工应考核的内容

1. 政治思想素质和对民航服务行业的热爱程度。

2. 服务规范、安全保密等专业知识。

3. 计算机操作知识。

4. 英语水平。

（三）上岗前应接受的培训内容

1. 了解要客部的主要职能和责任，熟悉股份公司和要客部现行各项规章制度。

2. 掌握要客部人员分工情况，了解下属部门业务进展情况。

3. 服务意识、安全意识、保密意识。

（四）上岗后应继续教育训练的内容

1. 服务规范、安全保密知识。

2. 公关学、社会学和心理学知识。

十三、绩效管理

从德、能、勤、绩四个方面对员工进行考核，以领导评定为主，自我评定和同级评定为辅进行，其中领导评定占70%，同级评定占20%，自我评定占10%。

本岗位工作考核的内容

1. 德：良好的职业道德修养，敬业爱岗，忠于职守。

2. 能：①业务能力：a. 服务行业专业知识和实际运用能力。b. 日常行政管理能力和处理突发事件的能力。c. 公关和协调能力。②管理水平：具有一定的计划、组织、控制、协调和决策能力。

3. 勤：出勤率达到98%。

4. 绩：①是否按工作计划和领导的指令圆满完成工作任务。②是否能够实现计划规定的经济管理目标。③各业务组的工作状况有无改善，工作绩效有无提高。④对整个机场的服务工作影响程度。

十四、本岗位工作从时间角度考核要求

1. 定期听取本部门人员的工作汇报。

2. 每月向要客部经理提交书面工作报告2次。

3. 根据工作进展情况，随时向要客部经理提出合理化意见和建议。

4. 每年年初，制订全年工作计划，年末根据工作完成的实际情况，向上级作述职报告。

十五、考核结果的分析和反馈

由上级领导对考核结果进行核实及可靠性分析，以保证考核结果的真实性，并将考核结果与同期指标和工作要求相比较，及时将分析结果反馈给本人。

此外，岗位说明书的制定，要注意三点事项：

（1）岗位说明书针对的是岗位本身，而非企业目前的任职者，不能拿目前任职者的情况来描述岗位的职责内容和任职资格，因为可能目前的任职者就是一个不合格的员工。

（2）岗位说明书作为选拔、考核、培训员工的基本依据，在一定程度上体现企业未来发展的高度。因此，当公司组织结构、岗位要求、岗位职责、环境等发生变化时，岗位说明书也需要及时修订，不断补充，使其能适应企业未来发展的需要。原则上，每年 HR 部门要组织修订一次岗位说明书，特别是高速发展中的企业和创新型的公司。

（3）岗位说明书的最终目的是对岗位工作起到规范、指导的作用，因此，需要根据公司的具体情况进行制定，文字描述一定要通俗易懂，简要明了，内容要全面具体，避免形式化、书面化，做到不重复、无交叉，以体现岗位价值。岗位说明书要让员工参与编写，HR 管理人员给予指导和修正，不能将重点的岗位职责遗漏了，比如：我在企业组织生产管理人员编写岗位说明书时，他们通常不会将培训员工、处罚员工、解雇员工等工作事项写入自己的职责内，认为这是人事部门的职责，所以每次我都会让他们把这些加到自己的职责内，并且每个管理人员的岗位说明书应该可以背写下来，我认为这是最低的要求。甚至可以组织岗位说明书的内容考试活动，这是非常有必要的。因为如果管理人员连自己的职责都不清楚，如何去有效履行职责？如何去带他的团队？笔者建议各位朋友也这样去做，我们不能让辛辛苦苦做出来的工作说明书，成为没有人看的文件，最终被束之高阁。我希望工作说明书，最终成为管理人员案头必备的文件之一，供管理人员随时可查阅，并核对自己的职责履行情况，成为自己工作的一面镜子。

温馨提示：岗位说明书基本上每家企业都具备，它只是将此岗位要做的工作进行了清单式的罗列，告诉员工此岗位的职责是什么，但并不能告诉员工如何去做。笔者在做企业咨询时，看到有些企业岗位说明书只是一个简单的工具表格，对日常工作的开展没有任何效果，所以这里增加了以上第二个（机场要客室接待主任）比较复杂的岗位说明书供各位朋友参考。

最后，在企业管理的咨询案例中，笔者常常推出一种岗位工作实务手册的项目，帮助员工去真正理解他的角色认知，以及员工每天应该做的工作内容，配合岗位说明书使用。为了感谢大家对本书的关注和支持，现提供一个样板供各位朋友们学习、参考。

前台文员工作实务手册

一、前台文员的身份

二、前台文员的能力

三、前台文员不能具备的品质

四、前台文员一天的活动

五、前台文员的管理权限

1. 会议室管理

2. 办公文具发放管理

3. 电话转接和转拨外线管理

4. EMS 快递管理

5. 礼品领用和发放管理

6. 产品彩页和公司内刊管理

7. 公司红酒、茶叶、矿泉水发放管理

8. 前台设备和卫生管理

9. 单据管理

10. 安全管理

11. 目标管理

12. 保密管理

六、前台文员的自我检查

七、前台文员的考核

本手册是帮助公司前台文员，理解自己的职责范围，更好地完成前台的工作任务。

一、前台文员的身份

企业形象的代表者

从你成为公司前台文员的一刻起，你不再是一名普通的基层文员，你代表了公司的整体形象，是公司面对外界的第一扇窗口，你的一言一行将影响公司在外界的声誉，你必须站在公司的立场上，设身处地地为公司着想，时刻牢记"来者都是客，以公司为家"的服务宗旨，给每一位来访的客户留下好的印象。

二、前台文员应有的能力

1. 良好的个人修养

待客文明礼貌，举止优雅得体、普通话标准、略懂英文。

2. 学习能力

要不断学习、时常鼓励自己、表扬自己，增强自信。

3. 良好的观察力

及时观察来访客户的需求，并协助解决。

4. 专业知识能力

能熟练地使用办公软件。有较强的服务意识，有果断的判断能力，对工作有责任心。

能掌握基本的电话礼仪和商务礼仪，比如，电话礼仪：电话响铃不过3声必接起来，接听电话是自报家门、姓名、单位名称、你好、晋风公司请问有什么可以帮您吗？接电话要长话短说，接电话时间最好控制在3分钟之内，并且要做好来电者的记录。接待客人的礼仪：引导客人到接待室，引导客人时应走在客人前面，相距2至3个台阶，给客人倒水、公司资料、通知相关人员接待客人。

5. 自我管理能力

每天保持良好的心情、笑脸相迎，公私分明，建立好良好的人际关系，前台工作比较繁琐，需要有足够的细心和耐心。

6. 自我训练的能力

要跟上时代提升自己，和公司一起快乐成长

7. 诚实和忠诚

8. 协助开展公司大型接待活动，做好后勤保障工作

三、前台人员不能有的品质

1. 越级汇报，自作主张

2. 推卸责任，逃避责任

3. 私下批评公司，抱怨公司现状

4. 不设立目标、不相信自己

5. 有功劳时，独自享有

6. 妆容不整洁，衣着暴露、涂有色指甲油、化浓妆、染彩色头发

7. 态度散漫

四、前台文员一天的活动

1. 早晨上班的准备（上班前 10 分钟）

A. 将一楼办公区电灯、空调、复印机、饮水机开关开启并检查是否正常运营

B. 打上班卡并整理仪容仪表

C. 打开办公电脑和传真并查看有无接待通知的邮件

D. 打开前台办公抽屉，查看有无前一天遗留下的文件或快递

E. 打扫各会议室、展厅卫生并检查电灯、空调设备运转情况

F. 查看公司内刊、产品彩页资料是否齐全

G. 摆放前台备用瓶装水

2. 上午上班时间（8：00－11：50）

A. 礼貌规范地转接公司所有来电及相关人员拨打外线的登记

B. 客户接待（会议室准备：摆放内刊、产品彩页、水、泡热茶、开启电脑和投影、更改 LED 欢迎词等），客户离开后，及时清理会议室卫生，关闭电脑、投影、电灯和空调

C. 签收快递。将快递按部门分类并登记，通知收件人领取快递、做好签收记录存档

D. 寄 EMS 公司月结快递。做好台账，月底核对账款

E. 保持微笑，热情主动迎接来访人员

F. 11：40 检查一楼各会议室有无访客滞留，并关电灯、关空调、关窗、关门

G. 11：50 关闭大厅电灯、复印机和饮水机，将前台玻璃门设置成感应状态

H. 中午如遇到客户接待还未结束，前台文员需轮班吃午餐并坚守岗位

3. 下午上班时间（13：30－17：50）

A. 整理着装

B. 打开一楼大厅电灯、复印机、饮水机开关、各会议室门和窗

C. 笑脸迎接来访人员

D. 礼貌接听并转接各类来电、转拨外线电话

E. 代收快递。将快递按部门分类并登记，及时通知收件人、做好签收记录存档

F. 下午3：00，将前一天公司车辆出入登记表制作成电子文档并发邮件给行政主管

G. 公司礼品备货：瓷杯、茶叶、包装药枕等

H. 更新及维护公司内线表

I. 不定时巡察各会议室和接待厅、展厅的卫生并及时清理干净

J. 17：40检查一楼各会议室有无访客滞留，并关灯、关空调、关窗、关门

4. 晚上值班时间（18：30－20：00）

A. 打开一楼大厅电灯、复印机、饮水机开关

B. 协助会议室预订人员开启相关设备

C. 填写红宝书（行动成长日志）

D. 自我反省

E. 礼貌接听来电

F. 完成领导交办的临时性事务

五、前台文员管理权限

1. 一楼会议室管理

A. 会议室预订管理：合理管控会议室预订流程、严禁重复预订

B. 会议结束后，及时清理，严禁在会议室滞留杂物

C. 会议室、吧台桌椅摆放整齐

2. 办公文具管理权限

A. 发放管理：统一规定领料时间，严格控制领用数量，做好发放记录表并让领用人签字确认，杜绝浪费，公司物品不得私用

B. 采购管理：根据各部门需求，实际库存情况，及时统计并填写采购申请单，降低公司成本

3. 转接电话/拨打外线电话管理

A. 实名制转接制度：严禁向对方透漏公司员工的姓名、职位或分机号码等

B. 拨打外线电话：需记录好拨打外线者的姓名、分机号以及需要外拨的号码，拨打电话的目的，严禁内部员工使用公司资源拨打私人电话

4. EMS 快递月结对账管理

A. 严禁员工使用公司资源寄/收私人物品

B. 一切挂公司账的快递，需记录到快递收发登记表中，月结账款时需做到 100% 准确

5. 公司礼品发放管理

A. 做好礼品入库和出库台账，做到实物与账面 100% 的准确

B. 杜绝以公谋私

C. 分公司人员领用必须由总部接待员提交领用单才可发放

6. 公司产品彩页/内刊管理

A. 及时提供完善的产品资料：有时可重复利用，杜绝断货、少货现象

B. 及时领用公司内刊：第一时间将最新期的内刊提供给来访客户查阅

7. 公司矿泉水、红酒、茶叶管理

A. 矿泉水领用需记录流水账，清楚记录每日矿泉水的流向，降低公司成本

B. 做好公司红酒、茶叶领用并记录台账，做到库存实物与台面账目 100% 准确无误

8. 前台设备和卫生管理

A. 协助公司同事规范操作复印机

B. 配合信息化管理部同事维护复印机

C. 前台日常卫生维护

9. 公司单据的管理

A. 统一规范管理公司各类单据：

①生产任务通知单

②固定资产申购单

③公章使用单

④现金借款单

⑤费用报销单

⑥差旅费报销单

⑦调拨单

⑧请购单

⑨领料单

⑩设备安装验收表

B. 根据实际库存及时提交采购申请

10. 安全管理

A. 严格管控行政货仓物品，钥匙不得随意转借他人

B. 具备防火防盗意识

11. 目标管理

今日事今日毕的工作原则

12. 保密工作管理

严禁向外界透漏公司同人的姓名、职位、分机号码等信息

六、前台文员的自我检查

A. 公司当天的接待工作是否提前准备妥当（如公司内刊、产品资料、会议电脑、茶水等）

B. 各会议室卫生是否清扫干净，会议室桌椅是否摆放整齐

C. 接听电话时语气是否委婉（前台同事相互监督）

D. 对待来访客户（供应商）询问时是否热情主动

E. 是否做到公司内刊、产品彩页、茶水、办公用品及时提供到位

七、前台文员的考核

1. 文明接待、热情周到的服务，专业的商务着装及礼仪、形象；

2. 接打电话礼貌规范及外线登记；

3. 前台卫生及时清扫，电源开关的关闭情况执行到位；

4. 做好会议、客人接待的通知、会场布置，完成状况；

5. 宣传资料、礼品的准备要及时周到，及礼品、物品的台账 100% 准确；

6. 协助相关人员复印及维护复印机正常运营；快递收发 100% 准确无误；

7. 文具的申购、管控、发放准时，准确无误；

8. 按时上下班，不迟到、不早退、不旷工、不请假；

9. 其他部门领导交办临时工作的配合度。

第三节　绩效考评指标体系设计

在绩效考评指标体系设计环节，首先要根据企业的战略目标的要求，设计企业层面的关键绩效指标，然后运用各种方法技术将企业关键绩效指标分解到部门、班组以及岗位，关键绩效指标体系的构建对于企业而言是非常重要的工作，具体内容将在第四章进行重点阐述。

第四节　绩效考评运作体系设计

绩效考评运作体系设计包括考评组织的建立、考评者与被考评者的确定，考评方式方法和考评程序的确立，考评信息数据的收集与管理等内容。

一、企业考评组织的建立

企业推行绩效管理，到底应该由谁来负责此项目？通常的情况是由人力资源部组织和推动绩效项目，因其项目本身就是 HR 的工作之一。根据笔者多年从事 HR 管理的经验，在企业实际推行过程中，我们需要成立绩效项目小组，建议请总经理或副总经理来当绩效项目组长，生产总监、业务总监、技术总监等核心部门的第一负责人当副组长。人力资源总监或人力资源经理当组员，主要做技术支持和咨询辅导工作。笔者建议 HR 朋友们千万不要去争组长的头衔，头衔意味责任和担当，意味你站在了风口浪尖，同时意味你将对绩效项目的成败负全部责任。做一个形象的比喻，绩效管理如果是一台戏曲，HR 就是在台上演主要人物，其他部门的管理人员就是配角或者是观众，大家都在观看台上的 HR 来如何演好这场戏，HR 如果演砸了，你会下不了台。所以，作为 HR 管理人员要调整好心态，千万不要同核心部门的领导们去争功，因为在企业推行绩效管理的风险很高，你争的不是功，可能是祸！

笔者在一家高科技企业任 HR 总监职位时，公司在上市前期将绩效考核小组从人力资源部直接划为集团公司董事会统一管理，日常工作由一名副总经理领导，绩效主管的工作也直接向副总汇报，副总经理每月组织各部门的绩效评审会议，人力资源部列席会议，并提供专业技术支持。此类调整，就是要将绩效项目小组的地位提到更高的位置，也更容易进行推动和执行相关考核制度。

二、明确考评者与被考评者

在这个阶段，我们需要明确绩效管理的对象以及各个管理层级的关系，正确地回答"谁来考评，考评谁"。在设计绩效考评的方案时，在被考评者明确的情况下，具体考评者由哪些人员组成，取决于三种因素：被考评者的类型、考评的目的、考评指标和标准。例如，在一项了解员工绩效提高程度对操作工人的考评中，或者考核的目的是发放月度绩效奖金时，应该以员工的直接主管作为信息的主要来源，以他们为主进行考评评价。因为这些人最熟悉员工的工作情况，并能作出比较符合实际的判断。补充一点，考评结果只要是用来发绩效奖金或者从绩效工资为目的，都应该以员工的上级评价为主。

如果考评目的是培训和开发人才，通过考评发现员工需要弥补的技能缺陷，那么就应该在上级考评的同时，进行自我考评和同事考评，让员工本人和同事积极参与，通过多视角的考评，全方位地了解被考评者的优势和不足，发现员工存在的主要问题，在哪些方面存在缺陷亟待弥补和提高，为技能培训和开发提供有力的证据。再如企业专业技术人员的绩效考评，如果主管独立完成考评，由于他们对下属具体的工作内容不够熟悉，难以保证判断和评价的准确性和客观公正性。因此，这时的考评可能又是另一种方式，企业可能召开由主管主持的，有被考评者即专业人员自己、下级、有关同事，以及其他相关人员参与的绩效考评会议，围绕技术绩效的核心问题一起进行讨论，以求获得满意的考评结果。

此外，如果企业的人文环境良好，员工的个人素养较高，同事之间的人际关系融洽，彼此之间高度信任，在同事之间工作接触频繁，应采用自我考评与同事考评相结合，以上级主管考评为辅的方法，也可能会获得较好的考评效果。当考评的目的是发掘人员潜力，而不是单纯用于人事决策时，也应采用这些考评方式。再如，对教师工作和教学效果的考评，如果没有下级考评，请所教的学生参加的话，不可能得到对教师更准确、更全面的评判。笔者举一个真实的案例，某家外资企业绩效考评结果是用来决定员工当月绩效工资水平，笔者曾经设立了10%的权重给员工进行自我评估、自己给自己打分，相信员工会有自知之明。但笔者发现员工明明工作有失误，但均给自己打满分，甚至连品质部门经理也一样，对质量问题视而不见，一分也不扣，结果在月底的绩效成绩评审会议上，老板大骂该管理人员弄虚作假，从此以后我们取消了员工自评的权重，有自知之明的员工真的很少，再完美的360度评价方案，我们的员工也可以让它变味、失效。

考评者是保证绩效管理有效运行和工作质量的主体，在一般情况下，所有考评者都应具备以下条件：作风正派，办事公道；有事业心和责任感；有主见，善于独立思考；坚持原则，大公无私；具有实际工作经验，熟悉被考评对象情况；等等。此外，参与管理的考评者的多少也会影响绩效考评的质量，根据统计测量和数据分析的原理可知，考评者数量越多，个人的"偏见效应"就越小，考评所得到的数据就越接近于客观值。然而，对企业来说，符合考评者的条件和要求，并熟悉被考评者的人数是有限的。因此，在绩效管理的准备阶段，除了需要明确被考评者和考评者之外，一项重要的任务是培训考评者。在绩效管理的前期，要系统对管理人员进行培训，相关的课程包括非人力资源经理的人力资源管理课程、绩效管理实务课程、管理技能提升课程（管理锦囊系列课程）、劳动关系实力课程等，此类课程对企业提升综合管理能力有一定的作用，这些课程也是笔者的核心企业内训课程。所有涉及绩效考核工作的人员，特别是参与评分的人员，均要参加专业知识的培训，培训效果要经过培训效果二级评估，即每次培训后 HR 要组织书面考试。

同时，为了有效地推动绩效管理，我们建议 HR 管理人员采取"抓住两头，吃透中间"的策略，具体办法如下：

（1）获得高层领导的全面支持。实践证明，没有企业高层领导的支持，企业绩效管理系统将寸步难行。高层领导必须对企业绩效管理的制度以及支持系统有充分的理性认识，他们愿意将这套系统推广到企业中，并为之投入足够的人力、物力和财力。绩效管理系统的设计者应当通过正式的渠道，采用简要概括的方式，向高层领导阐述本套系统的优势，以及实施中可能遇到的障碍和问题，以期获得企业领导层的全面支持和帮助，同时也希望他们能身体力行，模范地遵守和执行绩效管理的各种规范和程序。

（2）赢得一般员工的理解和认同。企业的一般员工是绩效管理的基本对象，绩效管理对他们来说是一种压力。过去，他们可以以消极的态度完成上级交办的工作，本来今天应当做的事情，可能拖几天再去完成；或者上下级、同事之间和和气气，相安无事，你好我好大家都好，缺乏有效的监督和竞争意识，凡此种种，不一而足。但是，一旦新的绩效管理系统建立之后，员工就需要有更多的投入和关注，才能取得较好的业绩。因此，绩效管理人员必须借用各种各样的方式方法，使员工对绩效管理的重要性和必要性，特别是对自己今后职业生涯的发展具有的积极作用，有所认识、有所理解，并在思想上、观念上达成一定的共识，才能提高员工参与绩效管理的积极性和主观能动性。有些专家建议，为了提高员工的参与意识，应当吸收员工的代表，参与绩效管理制度和系统的规划与设计的全过程，使他们对绩效管理有更加全面深入的理解和认同。

（3）寻求中间各层管理人员的全心投入。企业中各个层次的管理人员是绩效管理活动的中坚力量，他们既是被考评者，同时也是考评者。中层管理人员的作用发挥得如何，直接关系到绩效管理活动的质量和效果。如果抓住了"企业领导层"和"一般员工"的"两头"，也就为推进绩效管理体系提供了良好的前提和坚实基础，但这只是解决了问题的一半。更重要的一半是

"吃透"中间，不但使企业各层次的主管即考评者对绩效管理制度和运行体系的贯彻实施充满信心，还要使他们掌握绩效考评的技术技巧，全心全意地投入企业的绩效管理活动中去。要"吃透中间"，就要加大绩效培训与开发的力度，端正中层主管的态度，提高他们的管理水平，使每个中层主管都成为积极的、有效的考评者。

三、关于考评程序和考评方法的设计

（一）绩效考评的三种主要方式

一、品质特征型考评的考核要点

主要考量这个人怎么样？
对企业的忠诚度；
主动性、创造性；
交流技巧；
是否愿意与他人合作？
以上考核主要对企业管理人员，定性考核大过
量化考核；

（a）

二、行为特征型考评

即工作是如何完成的；
实施：考核员工行为，选择关键事件，适用于工作难以量化的人员考评，如服务业的从业人员等；
有基本的行为规范，如说话、做事方式，如商场零售人员、行政后勤人员；

（b）

三、效果特征型考评

看出"干出了什么"不关心过程，只注重结果
这在企业各方面制度配套的情况下，大量应用；
优点是：客观、具体、量化指标；
适应行业和岗位：制造业、蓝领工人和营销人员；

（c）

图 3 - 7　绩效考核的三种基本模型

（二）关于考评程序的确定

绩效考评程序是指具体实施时，每一个步骤是由谁来完成的？完成的内容？完成的时间？异常情况处理。如果没有一套严谨的考评程序，再完美的方案也会流于形式。所以在企业实操时，要明确考评程序每一个步骤的责任人，工作内容及完成时间，对于违规评估，或延期评估的行为，要建立相关的奖惩制度，确保绩效管理这个项目稳步推进。HR 要对各部门的考评程序进行监督、稽核，有异常情况及时介入处理，并向绩效考核小组相关领导汇报。图 3 - 8 是某企业的绩效考评程序。

绩效数据来源与记录	各指定部门在每月7日前根据对应的《部门绩效数据供给表》（见附件2）提供各岗位有关绩效数据
绩效数据统计与评分	各级管理者在每月10日前根据《绩效考核计划表》将相关部门提供的绩效数据填入直接下级人员对应的《绩效考核评分表》（见附件3）中，统计绩效结果并按照《绩效考核计分方法》（见附件4）评分
绩效结果调整与批准	各级管理者每月11日前将已评分的所属直接下级人员的《绩效考核评分表》，按照本制度"4.0权责"的规定报批，批准者可根据未被考核的情况酌情进行加0~5分的调整
述职报告	各部门的经理每月13日前根据部门的绩效结果撰写《述职报告》（参考附件5），并向总裁提交。总裁应组织召开各部门经理参加的绩效与述职报告会
部门绩效等级评定	部门的绩效以该部门经理的绩效分数为依据。人力资源部按照本制度"7.2部门绩效等级标准"的规定确定部门绩效等级，并填写《各部门员工绩效等级配额表》（见附件6）

图 3 - 8 绩效考评程序

第五节　绩效考评结果反馈体系设计

绩效考评结果反馈体系是绩效管理体系的收尾部分，同时也是人力资源管理其他子系统正常运行的基础和依据，企业应根据绩效考评的结果开展各项管理工作。具体而言，一方面，要把绩效考评结果有效地反馈给员工，以达到绩效改进的目的；另一方面，要将绩效考评结果与人力资源管理系统的其他工作环节相结合，主要应用于人员规划、人事调整、员工激励、培训开发、员工流动、薪酬福利乃至劳动关系的调整等方面。

第六节　制定绩效管理制度

要将企业所有与绩效管理相关的工作系统化、制度化为绩效管理制度，以保证管理工作的顺利开展。绩效管理体系设计完成后，将其付诸实施，对实施过程中出现的问题进行维护和完善。

第四章 技术篇：关键绩效指标体系设计（KPI）

　　某企业的负责人曾经这样形容他们公司的绩效考评现状："我们考评了企业运转的一切事情，上至研发、销售和生产新产品，下至前台、保安、清洁的日常工作，看起来都是不可或缺的考核项目，但我觉得有些事情根本就不值得去考评！太浪费我们时间了，还没有任何效果！"在企业中，许多部门管理者都有倾向于考评所有事情，特别是对于技术部门的经理而言，他认为只选几个重要指标进行考核是不可思议的，是残缺的考核体系，没有全面体现技术部门的工作价值。一个研发部门工程师的考核指标要达到20多个，他们才认为是基本合格的。也许从技术层面他们这样的设置并没有错误，但从执行层面和效果层面，这样的考核根本无法准确完成，而且由于考核指标太多，人们最终也失去了工作方向。这就是典型的纸上谈兵，这类考核模式只适合在大学里讲授绩效理论知识。

　　一位企业老板曾经向笔者抱怨："我们考评指标太多，但从考评中得到的太少。"笔者回答他：是时候检讨一下考核指标体系，并对它们进行瘦身了，让我们把没有实际价值的考评指标统统拿掉吧！

　　过度地考评实际上是对考评本身的伤害和终结，因为它同公司最重要的目标脱离了，让被考核者看不清楚工作方向，无法聚焦重点工作。由于当今是信息爆炸的时代，每天我们都会面对太多有用或无用的信息，这些数据、信息浪费了我们宝贵的时间和生命。一些推行绩效管理的公司也往往被自己的"数据陷阱"埋葬了，管理人员每天要花大量的时间去收集、统计考核数据，甚至引入先进软件进行数据统计与分析，导致管理人员对绩效考核怨声载道。此外，考评那些不必要的日常工作会给考评项目带来巨大的成本，这种成本体现在实际成本花费和机会成本的浪费上。

正如某位学者说的，"如果考评指标不能转化为具体的行动指引来体现考评的价值，你完全可以将它们扔出去！"

第一节　什么是关键绩效指标与关键结果指标

多年以来，我们对关键绩效指标出现了认知偏差，进而不能准确阐释、考核关键绩效指标的内容。让我们来梳理清楚这两个不同的概念。

（一）关键成果指标（Key Result）

关键成果指标是指企业经营活动的最终结果，比如：顾客满意度、市场占有率、净利润、员工满意度、资产负债率、投资回报率等指标。通常这些指标是老板、股东最关心的，它反映出企业是否朝着正确的方向前进，也是企业经营情况的晴雨表，我们在企业中经常会使用这些考核指标。但是这些关键结果指标并不能为管理者提供工作的具体信息，也不能告诉员工或管理人员应该如何去做可以改善和提高这些数据，总之，关键成果指标并不能给员工指引工作方向，员工也不知道如何去做事情，可以实现或改善这个关键结果。

（二）关键绩效指标（Key Performance Indicator，KPI）

关键绩效指标是用来衡量员工工作绩效表现的具体量化指标，它可以是具体的、量化的事件结果，也可以是具体描述的员工行为方式，是对该岗位员工工作表现的最直接衡量方式。关键绩效指标来自对企业总体战略目标的分解，反映最能有效影响企业价值创造的关键驱动因素。企业设立关键绩效指标的价值在于：使经营管理者将精力集中在对绩效有最大驱动力的经营行动上，及时诊断生产经营活动中的问题，并采取有效提高企业绩效水平的改进措施。通常情况下，关键绩效指标的考核周期较短，一般是以每月为单位进行的，考核数据的记录甚至是以天为单位记录的，它主要用来考核各部门经理、主管及各等级员工。但是，关键成果指标的考核周期较长，通常是以季度或年度为单位，它主要是考核 CEO、总经理等决策层领导的最终工作成果，关键成果指标主要是决策层向公司董事会报告工作使用的。企业的关键成果指标数值如果很低，没有达到股东期望且长期没有改善迹象，通常董事会或老板要问责 CEO 或总经理，如果 CEO 或总经理没有有效的改善方案并付诸行动，必要时董事会或老板将罢免他们的职务。

在实际工作中，我们应该如何区分关键结果指标和关键绩效指标呢？比如，针对企业中的常用的一个考核指标：员工满意度，指标的数值反映了员工对企业的满意情况，但并没有告诉各部门管理人员应该如何做就可以提升员工的满意度，它就是一个典型的关键结果指标。在实际工作中，我们需要知道哪些具体的事项对员工的满意度影响最大，找到它并考核它，才可以改善员工的满意度，这才是我们要找的关键绩效指标。比如：制定有吸引力的薪酬体系；员工持股计划；定期的培训或文体活动；改善伙食或住宿条件；增加有薪假期；定期的职位晋升考核；高管与员工的定期沟通机制；等等。我们发现只有更清晰地识别和描述影响员工满意度的关键事件或行为，才能指引和考核我们的日常工作，才能真正对员工实施激励作用，这才是我们需要的关键绩效指标。

为了让读者朋友们有更深层次的理解，这里再举一实例说明。笔者曾经在一家鞋类品牌运营公司做 HR 顾问时，在制定电商团队的考核指标时，发现如果只考核每月的销售额指标则存在一定的困惑，因为它本身是一个用金钱衡量的关键结果指标，电商团队的同事们并不清楚是什么行为最终转换成了销售额，关键绩效指标往往隐藏在我们看到事物表象的背后，比如：每天、每周访问天猫店铺的潜在顾问数量；潜在顾客在天猫产品主页面上的停留时间、产品的价格定位、赠品；以及客服人员在旺旺上回复客人询问的等候时间、交谈话术等数据资料，均会对商品成交产生重要影响。而且，现在很多精明的买家往往会因为在网上无意浏览到公司的产品，产生了初步的好印象，再到线下实体店去试穿，最终比对价格后实施购买。这其中还有重要的一点，天猫店铺的功能不只是为了实现销售，它对企业品牌的推广也具有重要的价值，许多创意型新产品首先通过线上店铺进行广告宣传，尽管许多潜在顾客只是浏览并没有购买，但它是企业对外营销的一个窗口，成功协助市场推广部门对新产品产实施了宣传，为企业品牌推广和可持续经营发挥了重要的作用，可是它并不能立即为企业带来经济价值，它所带来的价值是长远的，具有滞后性。所以我们要找到支持关键结果达成的因素，那就是关键绩效指标。就如同我们的孩子要从小学入学，一直要读到大学毕业一样，这个过程只有投入，并没有任何经济价值的收获，难道你会认为读书的过程是浪费么？所以，如果我们对电商团队的考核重点是关注每月销售额的达成情况，电商团队就会向公司申请更多的产品降价促销政策，而且只在网店上推出好卖的产品，不愿意推广新产品。客服人员为了达成销售可能会不客观地回答客人提出的问题，甚至误导消费者达成销售额，很明显这是一个存在瑕疵的考核指标体系。就如同我们感冒了去药店买药，如果你问店员该买什么药？你认为店员会如何回答？根据笔者的多年经历，店员从来都给我们介绍销售利润最高的药品，而不是既对症疗又价格合理的药品。笔者记得许多年前市场上有一种专治拉肚子的药品，非常有效果，但零售价格才 2 元，这个产品定价明显让药商和店铺无利可图，只是对消费者有好处，所以现在市面上再也买不到此药了。

让我们来总结一下吧，绩效考核指标的设计要对员工的行为有明显的导向作用。关键成果指标对员工和管理层来讲是没有任何帮助的，因为它并不会告诉你应该如何去做或提升日常工作水平；它只是在一定周期内（会计年度）CEO 或总经理向董事会汇报工作的内容，所以关键结果指标考核的是企业决策层、CEO、总经理，他们需要对关键结果负责。关键结果指标是企业关键成功因素达成情况的阶段性总结，也是许多关键绩效指标衡量后的综合结果，它通常是以季度或年度为报告期，不能以每周或每月进行评估。

关键绩效指标对企业内的团队和个人均有导向作用，它为部门和个人的努力指明了方向，也可以理解为关键绩效指标是企业实现关键结果指标的路径，所以它必须要清晰化、可测化。部门或个人需要对关键绩效指标的达成负责。全体员工都需要理解团队和个人关键绩效指标（KPI）的定义，并将它分解成许多的日常工作目标，并在每天、每周、每月的工作中去执行、检讨和完善。

第二节　认识平衡计分卡（BSC）

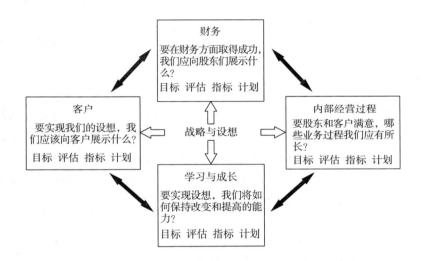

图 4 - 1　战略性的平衡记分卡

一、平衡计分卡的定义

平衡计分卡是绩效管理的工具之一，是由美国哈佛商学院教授罗伯特·卡普兰与复兴国际方案总裁大卫·诺顿创建的，它将企业战略目标逐层分解转化为各种具体的相互平衡的绩效考评指标体系，并对这些指标的实现状况进行不同时段的考评，从而为企业战略目标的完成建立可靠的执行基础。

平衡计分卡是一种新的战略性绩效管理系统和方法，其将传统的财务指标和非财务指标结合起来评估企业的绩效，着重从以下方面进行评估：

（1）财务角度：我们怎样满足股东的要求？

（2）客户角度：客户如何看待我们？

（3）内部营运角度：我们要在哪些方面进行控制和提高？

（4）学习与发展角度：我们能否继续提高并创造价值？团队学习和个人成长方面我们做了什么？

传统管理模式存在的缺陷：

（1）偏重有形资产的评估和管理，对无形资产和智力资产的评估与管理显得无力。如优质的服务、顾客忠诚程度、雇员技能、对市场反映的灵敏、干劲和灵活性、员工的满意度。

（2）传统管理模式仅满足以投资促成长的工业时代，而不能有效满足信息时代。在工业化时代，输出的一致化和转化过程的标准化导致公司能力的提高和顾客关系的改善，通过提高投资便可达到；而在信息时代，输出的个性化导致转化过程多样化，因此需要雇员适应非固定程序的能力、供应商的支持、柔性制造工艺、迅速的新技术的采用、对不断革新的热情等。信息时代对企业的要求是能够对市场快速做出反应，岗位工作的性质多样化，岗位工作内容并不是固定不变的，要求员工主动工作，对员工更多的是创新要求了，对于新的工作任力更多需要团队成员进行合作解决，甚至头脑风暴去厘清工作思路，最适用进行敏捷绩效管理。

二、平衡计分卡具备"平衡"的特点

（1）外部衡量和内部衡量之间的平衡：
· 外部－客户和股东；内部－流程和员工。
（2）所要求的成果和成果的执行动因之间的平衡：
· 成果－利润、市场占有率；动因－新产品开发投资、员工培训等。
（3）定量衡量和定性衡量之间的平衡：
· 定量－利润、员工流失率；定性－客户满意度、时效性。
（4）短期目标和长期目标之间的平衡：
· 短期－利润；长期－客户满意度、员工培训成本和次数。
（5）财务目标和非财务目标之间的平衡。

三、平衡计分卡的基本流程

很多企业推行平衡计分卡可能并未实现组织绩效提升，笔者认为其主要原因是由于实施不善而不是模型本身的缺陷。笔者认为任何有效管理工具的使用，首先你要深入了解这个管理工具的特性，其次评估企业的环境因素能否与之匹配，最后决定是否使用与推行，而不是看到其他公司在使用该工具，就把它买回来交给 HR 部门就可以了，我们要为它的有效使用创造各种条件和机会。

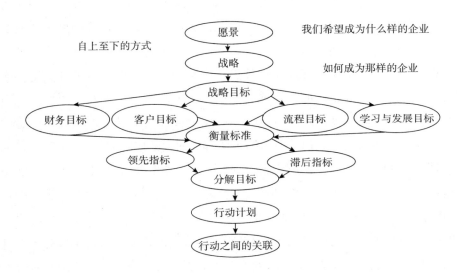

图 4 - 2　平衡计分卡的基本流程

第三节　员工满意度在绩效管理中的重要性

（1）在创新型企业里，员工满意度是非常重要的考评指标之一，经验丰富的老板或管理者都知道：公司让员工快乐，员工才能使顾客愉快，顾客愉快才能使股东愉快。如果公司让员工感到很不爽，员工就会让我们的产品或服务很不爽，有瑕疵的产品或服务就会让我们的客户很不爽，最后，客户体验以后就会让我们的老板很不爽，这简直是一个管理上的因果轮回呀！此外，定期评价员工的认同感也将给企业带来较高知名度。管理者应该定期地组织各种活动以提高员工认同感，包括正式活动或私人活动。珠三角地区许多优秀的民营企业和外资企业投入巨资专门在厂区里设置了员工活动中心（Employee Center），为员工免费提供全方位的健身、娱乐、读书、医疗等设施，旨在提升员工对企业的满意度。

（2）员工满意度调查（Employee Satisfaction Survey）是一种科学的人力资源管理工具，它通常以问卷调查等形式，收集员工对企业管理各个方面满意程度的信息，然后通过后续专业、科学的数据统计和分析，真实地反映公司经营管理现状，为企业管理者决策提供客观的参考依据。员工满意度调查还有助于培养员工对企业的认同感、归属感，不断增强员工对企业的向心力和凝聚力。员工满意度调查活动使员工在民主管理的基础上树立以企业为中心的群体意识，从而潜意识地对组织集体产生强大的向心力。

现代企业管理有一个重要的理念：把员工当"客户"。员工是企业利润的创造者，是企业生产力最重要和最活跃的要素，同时也是企业核心竞争力的首要因素。企业的获利能力主要是由客户忠诚度决定的，客户忠诚度是由客户满意度决定，客户满意度是由所获得的价值大小决定的，而价值大小最终要靠富有工作效率、对公司忠诚的员工来创造，而员工对公司的忠诚取决于其对公司是否满意。所以，欲提高客户满意度，需要先提高员工满意度，前者是流，后者是源。没有员工满意度这个源，客户满意度这个流就无从谈起。

第四节　统一员工认识，有效组织绩效管理相关培训

时至今日，所有企业都将员工培训视为重要工作，绩效管理项目的准备阶段必须要进行相关知识培训。

按不同的培训对象和要求，绩效考评者的技能培训与开发可分为绩效项目专职工作人员的培训、一般考评者的培训、中层干部的培训、考评者与被

考评者的培训等。培训的内容一般应包括以下几个方面：

（1）企业绩效管理制度的内容和要求，绩效管理的目的、意义，考评者的职责和任务，考评者与被考评者的角色扮演，等等。

（2）绩效管理的基本理论和基本方法，成功企业绩效管理的案例剖析。

（3）绩效考评指标和标准的设计原理，以及具体应用中应注意的问题和要点。

（4）绩效管理的程序、步骤，以及贯彻实施的要点。

（5）绩效管理的各种误差与偏误的杜绝和预防。

（6）如何建立有效的绩效管理运行体系，如何解决绩效管理中出现的矛盾和冲突，如何组织有效的绩效面谈，等等。

在组织培训时，一般以短期的业余培训班为主，由绩效管理的专家或企业专职的绩效管理人员，按照预先设计的教学计划、教学大纲和编写专门教案及实用教材，运用丰富多彩的授课方式，组织教学与培训活动。笔者认为这种培训意义重大，也曾经多次为辅导的企业进行相关的培训课程，因为只有训练好参与绩效管理的员工和管理人员，才能使各部门的绩效管理工作顺利推进，达到事半功倍的效果。

第五节　界定企业使命、愿景和战略

让我们先搞清楚这几个概念到底有何区别。

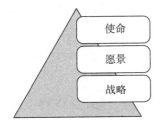

图 4-3　使用、愿景、战略

一、企业使命

我们是谁？我们为何存在？它是指企业存在的原因和理由，经典的使命陈述通常可以流传100年或更久远。使命类似一个永恒的灯塔，可能我们永远都不会到达，但使命是企业的灵魂。

麦肯锡：帮我们的客户成为最杰出的公司。

宝洁：让我们生活得更好。

微软：致力于提供使工作、学习、生活更加方便、丰富的个人电脑软件。

惠普：为人类的幸福和发展做出技术贡献。

沃尔玛：给普通百姓提供机会，使他们能和富人一样买到同样的东西。

迪士尼：使人们过得快乐。

华为的使命：聚焦客户关注的挑战和压力，提供有竞争力的通信解决方案和服务，持续为客户创造最大价值。

十年以前，华为就提出：华为的追求是实现客户的梦想。历史证明，这已成为华为人共同的使命。以客户需求为导向，保护客户的投资，提高了客户竞争力和盈利能力。至今全球有超过1.5亿个电话用户采用华为的设备。我们看到，正是由于华为的存在，丰富了人们的沟通和生活。今天，华为形成了无线、固定网络、业务软件、传输、数据、终端等完善的产品及解决方案，为客户提供端到端的解决方案及服务。全球有700多个运营商选择华为作为合作伙伴，华为和客户将共同面对未来的需求及挑战。

二、企业愿景

我们要去哪里？我们未来要成为什么样的公司？愿景是企业未来发展的蓝图，它描述了企业未来一个时期可以达到的高度和获得的成就。

联想集团：未来的联想应该是高科技的联想、服务的联想、国际化的联想。

厦门金龙：成为具备全球竞争力的客车产业集团。

丰田：有路就有丰田车。

迪士尼：成为全球的超级娱乐公司。

苹果电脑：让每人拥有一台计算机。

万科：成为中国房地产行业领跑者。

波音公司：在民用飞机领域中成为举足轻重的角色，把世界带入喷气式时代。

华为的愿景：丰富人们的沟通和生活。

丰富人们的沟通与生活，其实也是讲未来网络对世界的作用。网络的存在使经济全球化不可避免，不仅对于华为是不可避免的，实际上对世界所有国家都是不可避免的。

因此，这时希望封闭起来不走全球化的道路，实际上是错的。这时必须勇敢地面对全球化，发挥自己国家的优势，为自己争取更多的机会。

三、企业战略

我们如何到达那里？我们准备做哪些事情去实现愿景？战略是企业实现愿景的方法和途径。

企业战略包括营销战略、发展战略、品牌战略、融资战略、技术开发战略、人才开发战略、资源开发战略等内容。

战略：有限资源下的取舍
战略：以竞争性定位为核心，对经营活动进行取舍，建立独特的适配（Fit）

——迈克尔·波特

"重要的是做正确的事，而不仅仅是正确地做事"

——彼得·德鲁克

图 4 - 4　战略的定义

华为的战略目标：以客户为中心。

（1）为客户服务是华为存在的唯一理由；客户需求是华为发展的原动力。

（2）质量好、服务好、运作成本低，优先满足客户需求，提升客户竞争力和盈利能力。

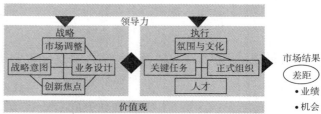

- **愿景：** 可持续的，占优势业务的，有了长期的，可持续的获利能力
  负债意义，感情契约，超实有利性的

- **战略目标：** 合理的、有效的市场培训机会，需同时保持
  快速适应市场变化的能力
  产品、服务、市场、客户、技术及时机

- **业务目标：** 可持续的指标
  科技、成长率、市场营销，客户满意及新产品

→
- 组织机构的方向和最终目标
- 与公司的战略重点相一致
- 体现竞争优势

图 4 - 5 战略意图

（3）持续管理变革，实现高效的流程化运作，确保端到端的优质交付。

（4）与友商共同发展，既是竞争对手，也是合作伙伴，共同创造良好的生存空间，共享价值链的利益。

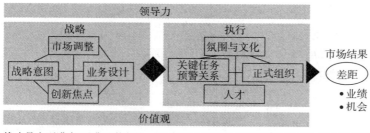

战略是由不满意/不满足激发的，而不满意/不满足是对现状和期望业绩之间差距的一种感知

- 业绩差距是现有经营结果和期望值之间差距的一种量化的陈述
- 机会差距是现有经营结果和新的业务设计所能带来的经营结果之间差距的一种量化的评估
- 业绩差距常常可以通过高效的执行填补，并且不需要改变业务设计
- 填补一个机会差距却需要有新的业务设计

图 4 - 6 业绩差距与机会差距

第六节　建立关键绩效指标的六大步骤

如果你已经完成了前期准备工作，评估了公司的绩效环境，明确了公司的使命、愿景及战略目标，你现在可以准备建立公司的关键绩效指标体系了，恭喜你进入这个步骤。首先，你要评估你的时间和团队的工作时间安排，以确保 KPI 项目的建立并不会对你的日常工作带来影响。其次，你要做一个绩效项目的推进时间表，笔者建议将周期定为 3～6 个月。根据我的实操经验，你应该需要这么多的时间，3 个月内完成太过仓促，准备工作无法有效完成，但 6 个月以上太久了，通常你的老板已经等得不耐烦了。特别是新任的 HR 经理，你需要做一个周密、美观的项目推进表，列出每个月的重点工作事项，最好能细化到每周的工作任务，让上级看到你的详细计划，同时列出你需要的资源支持，这个表格做好后，你可以和上司约一个时间，详细谈谈你的计划，听听他的想法。接下来就让我们开启 KPI 建立的行程吧。

一、第一步：获得公司高层管理人员的支持

（一）高层管理全程参与

公司 CEO、总经理、副总、各部门总监、经理等人要学习绩效管理的相关知识，理解公司管理变革是必需的，是常态化的，因为企业不创新只能等死。并将绩效管理项目的推进工作作为管理人员每天的日常工作，而不是临时性的任务。更不是给人力资源部帮忙，我们要确保管理层思想意识的统一。高层管理者要协助外部绩效顾问，对企业的使命、愿景和战略进行梳理，成功进行组织战略解码，找出企业的关键成功因素。关注和明确关键成功因素与各部门 KPI 之间的关联性，参与 KPI 的提炼工作。

（二）高层管理需要营造一个有利于推动 KPI 建立的环境

比如：支持和参加 HR 部门组织的绩效管理知识培训；支持本部门人员参加 HR 部门每周组织的 KPI 建立研讨会议；支持绩效顾问及 HR 部门人员

组织的管理层及员工访谈工作，要求下属部门和员工均无条件配合；向绩效顾问及 HR 人员提供企业或部门关键成功因素相关的信息。

（三）总经理是一个关键人物，他必须起到关键性的作用

因为他是绩效项目的核心驱动者，他需要审批企业推行绩效项目的资源投入申请，确保人力资源和物质资源的到位。总经理每周要保持一次和绩效顾问及 HR 经理定时会晤，确保项目的正常运行；也应该意识到处于初始运行状态的关键绩效指标的不确定性和风险性，动员大家花时间对其展开频繁地讨论，总经理必须每周固定时间和相关部门管理人员讨论绩效项目的进展以及问题，参加每周的项目进展检讨会议。

总经理需要给予外部聘请的绩效顾问大力支持与工作配合，包括正式的聘任仪式、定期的会晤、绩效顾问单独的办公室、直拨电话、工作联络人、住宿与餐饮、交通车等。

（四）任命一位绩效项目执行组长

如果企业希望将绩效管理工作做到行业领先水平，同时经济条件允许的情况下，应该聘外部资深的绩效顾问来组织项目的实施，企业内部由 HR 经理或绩效经理来协助绩效顾问的工作。为了有效推动 KPI 的建立工作，虽然许多企业都将总经理任命为项目组长，但总经理毕竟时间和精力有限，他必须任命一位执行组长。这个执行组长要代表总经理发号施令，最好由外部的绩效顾问担当，所谓外来的和尚会念经，特别是对同行业有成功操盘经验的资深顾问。笔者曾经在多家企业任 HR 管理顾问，对此绩效项目推进中的奥妙之处深有感触。当然如果企业因为资源有限，无法给予项目外部力量支持，执行组长人选也可以是内部人员，比如副总经理或 HR 经理，但请注意他们的时间分配问题和专业功底问题，除非他们去外部参加了绩效管理、薪酬管理等人力资管理方面的系统培训，其本身对 HR 工作有深厚的理论与实操功底，最好他就是一名 HR 行业内资深专家。否则，笔者不建议这样做，因为绩效项目失败的成本，远远高于企业请一名绩效顾问的费用。执行组长必须在 KPI 的建立方面有丰富的实践经验和深厚的理论功底。执行组长需要组织管理团队成员进行绩效管理知识的学习、解释 KPI 建立中的相关问题，以及高层承诺的履行、明确各部门经理对 KPI 项目的责任、监督管理人员是否每

周对 KPI 运行进行了监控和检讨、各部门的岗位工作访谈、KPI 建立部门讨论会议、每月度的 KPI 项目评审会议等。请问，你的工作时间可以做以上安排么？

（五）确定各部门的绩效项目负责人

绩效执行组长要求各部门提交一份项目联络人员名单，联络人可以不是部门的最高长官，但他应该有一定的管理职务，有较好的沟通能力和协调能力，同时电脑水平良好，他在时间分配上必须能够随时参加绩效顾问组织的活动，并在绩效顾问的指导下，尝试讨论和建立本部门的 KPI。

（六）召开绩效项目启动大会

企业应以最高的规格来准备这个会议，因为员工也在评估老板对此项目的实际重视程度，进而决定自己对项目的支持程序。会议需要提前两周进行大力宣传，告诉所有的员工并隆重地布置会议现场，所有的管理人员均应该参加，也可以邀请一些资深的老员工参加，最好能在酒店进行。总经理要准备好发言稿，并告诉全体人员管理变革是必经之痛，面对残酷的竞争，唯有改变自己迎难而上。全体管理人员和员工必须无条件支持绩效变革项目，工作态度是永远是排在第一位的！绩效顾问要准备好介绍绩效项目，包括传达绩效项目的整体思路、如何推进、各部门要配合的工作、如何处理项目工作和日常工作的冲突、存在的困难、传递必胜信心！

二、第二步：建立 KPI 项目团队

（一）组建项目小组

为了使 KPI 项目有效落地，根据企业的规模，组成 KPI 项目推行小组，最佳是 4~5 人，组长是外部绩效顾问，企业应该给项目小组提供一个独立的办公室。这是一个临时组成的项目小组，为了保证全身心的投入，项目团队的成员最好是以专职身份工作，每天到项目小组办公室上班，不必再回原先部门办公，他在原部门的工作暂时交由同事代理，此点非常重要。项目团队成员每天向绩效顾问汇报工作进度，团队成员应该是多数经验丰富的老员工和少数新员工搭配组成，团队老员工最好是有跨部门工作经验，对企业的运营、产品、流程、人员等非常熟悉，忠诚度高，愿意为企业付出的人。新员工应该有丰富的企业管理经验，可以在团队讨论时分享不同的思想和见解。

所选用的绩效团队成员必须是有卓越的工作技能与沟通技巧的人，对创新事物有敏锐洞察力的人，对企业整体运作十分了解的人，有能力、有胆量为决策层和项目小组提出建议，会思考有自己独立想法，不是人云亦云的人。

（二）培训项目团队成员

尽管团队成员对企业很了解，具备一定的管理能力，但针对绩效项目的培训是必不可少的。绩效顾问要设计一个课程包，培训内容包括绩效原理、企业战略与关键成功因素、KPI 设计技巧、如何有效推动项目、会议技巧、工作沟通与反馈技巧、赞美与批评员工的技巧、TTT 等。课程要以案例分析和情景模拟为主，培训后要进行考试。

（三）明确绩效团队成员的工作任务

绩效顾问要制订项目团队的工作计划书和推进时间表，在和各成员充分沟通的基础上，明确各位成员的职责分工，并要求团队成员对工作职责和完成进度做出书面承诺。同时，顾问要为完成任务的成员实施项目奖励，发放项目奖金或组织项目小组活动，以增强项目团队的凝聚力。绩效顾问要帮助团队成员建立完成项目的必胜信心，鼓励团队成员的每一个阶段性胜利。

三、第三步：建立全面推行 KPI 的战略及行动计划

（一）战略及行动计划

由于企业所属行业性质不同，提供的产品或服务不同，竞争策略不同，员工规模与素质不同，企业地理位置差异，经营状况差异及企业创立者思维模式等客观情况，都会影响关键指标的建立与推行。每家企业实施 KPI 项目都具有独特性，别人的成功经验，也许在本企业并不能复制。所以，需要我们制定切实可行的推行战略及行动计划。

（二）战略定位

决策层要思考 HR 战略定位问题，我们希望将公司的人力资源管理水平推进到世界领先水平？全国领先水平？本城市领先水平？比如：1997 年，华为公司重金聘请世界顶级咨询公司（美国合益集团 Hay Group）进驻华为公司来规范和提升人力资源部的项目工作。在顾问团队的帮助下，华为逐步建立并完善了职位体系、薪酬体系、任职资格体系、绩效管理体系，以及各职

位系列的能力素质模型。在此基础上，华为逐渐形成了自己成熟的干部选拔、培养、任用、考核与奖惩机制。华为曾经在 5 年内花费 4 亿美元聘请顾问公司提升管理流程，其手笔之大，决心之强烈，当时在业内少见。华为甚至花费年度利润的 50% 请顾问公司，这不是一般的老板能够理解的。所以，华为虽然是一个标准的中国民营企业，但创始人任正非从建立企业之初的定位就是将华为打造成世界级的一流企业。

我们的决策层需要反思：我们对绩效项目团队的支持是什么？聘请顾问？项目奖金？专职项目人员支持？独立的办公室？还是这一切都没有？凡事预则立，企业的成功从来就不是偶然发生的事件。

（三）根据绩效环境做出分析和判断

绩效团队要充分识别企业的绩效环境，做出分析和初步判断。特别是管理人员需要对 KPI 有深刻的理解，并要学习在企业中如何运用这些指标。我们要分阶段去完成 KPI 的设计任务，对于规模较大的企业，比如 1000 人以上，最好先从一个部门开始推行，积累一定的经验，再全面推广，整体控制在 3~6 个月内完成。绩效顾问还有一项任务，就是培养企业内部人员做绩效顾问，将来外部顾问离开企业后，内部顾问可以将 KPI 方案永远执行下去，并不断地完善。

（四）制订具体行动计划，确保项目按期交付

绩效项目组应制定各部门 KPI 建立的周期计划，这些计划应该是经过小组讨论的，一旦制定出工作进度计划表，所有的团队成员及各部门的管理人员都必须对完成任务充满信心。并要求相关人员按工作进度表展开每一个细节工作，每周要进行工作回顾与检讨，以确保工作任务没有偏离航线。当然，由于各部门管理人员的素质不同，工作风格差异，各部门可以根据他们自身的实际情况，以不同的节奏开展工作，但需要保持和绩效顾问的沟通并取得绩效顾问同意。

四、第四步：向全体员工宣导绩效管理的好处

（一）宣导企业愿景与员工的任务及好处

企业绘制出近 3 年的发展蓝图，告诉员工 3 年后企业的样子，以及员工 3 年后的样子，企业如何同员工共赢。我们给员工一个美好的期待。人有了梦想和目标才会愿意行动，才会饱含激情地开展工作。企业的 KPI 项目离不

开员工的投入和支持，项目团队和高层管理团队应该采取行动对员工进行宣导。制作精美的宣传海报，告诉员工企业为什么要引入 KPI 管理体系？我们在哪些方面做得不足？企业面临的困难和机遇，以及 KPI 是如何支持企业实现战略的。我们准备从哪些方面着手变革，告诉员工推行 KPI 评价系统，我们每个人的任务是什么。员工可以从绩效变革中得到什么。

（二）统一思想战线

HR 要注意在推行进程中，去发现那些思想开放、心态积极、务实上进的员工，对于这样的员工我们应该记录在案，这些人是我们团队和公司的重点培养对象，可以作为各部门的项目协调人。同时，把各部门对推行绩效变革项目消极对抗，对项目小组分配的任务不理不睬，或者公然对抗绩效顾问的员工也找出来，记录在案。HR 要组织各部门负责人和这些人面谈，了解他们的想法，最大限度获得他们的支持，因为这些人中也许很多是资深的老员工。但是，这些人也许就是企业需要淘汰的人员。

五、第五步：识别企业的关键成功因素

多年来，虽然大多数的企业知道关键成功因素的概念，但由于各种条件和原因的限制，既不能准确描述企业的关键成功因素，也无法从战略目标中提取出关键成功因素，从而向员工传达企业的关键成功因素。笔者认为，如果企业未能准确识别自身的关键成功因素就盲目进行 KPI 考核，失败的风险是巨大的。因为如果从 KPI 的提取、过程监测、结果上报都是随意性处理的，这样的考核结果只是产生一大堆枯燥无用的报告，甚至连自己都懒得看的资料而已。这些考核结果和企业战略的达成相关性已经不可能了。

（一）关键成功因素

在企业运营过程中，若是能掌握少数几个领域的领先，便能确保企业具有独特的竞争优势，则该组织便能够持续的成长。如果企业在关键领域表现很差则该组织便会陷入经营困境，因而管理人员必须认真处理这些关键因素，将主要精力放在影响组织成功的关键领域上，因为它决定了企业的持续健康发展、生命力和远景。我们把这些对企业成功有重影响的能力或资源统称为：关键成功因素（Key Success Factors，KSF）。

1. 关键成功因素的特点

（1）KSF 是一项能力和资源。

（2）一个 KSF 就是一层因果关系：说明优势和产生优势的原因之间的联系。

（3）KSF 可以提高组织的竞争地位。

（4）KSF 具有明确的市场特征：不同的企业对 KSF 的认识不同。

（5）KSF 数量不多。

（6）KSF 不是一成不变的。

企业的成功因素应该具体、清晰，因为如果我们能够确告知员工企业的关键成功因素，员工就会理解企业对他的期望，工作上就有正确的方向感。

如一些成功企业的 KSF 描述如下：

（1）永远为顾客提供准时的全天候送货服务。

（2）培养关键顾客忠诚度。

（3）快速提高一线员工的操作技能。

（4）只关注核心业务。

（5）提高员工的工作适应性。

（6）启动员工改善提案制度。

（7）检讨每天的日常工作，提高服务工作标准。

（8）营造一个安全、愉快、健康的工作环境。

思考：海底捞的关键成功因素是什么？

你认为是：味道？服务？环境？这都只是我们顾客看到的表象，我有一位开火锅店的四川朋友说，天下火锅属成都、重庆味道最正宗，最好吃，但我们比不过海底捞。因为人家根本和你不在一条跑道上，海底捞是如何做到持续地生意火爆，并在竞争激烈的餐饮业中杀出一条血路？

海底捞的关键成功因素是：

（1）公平公正的晋升体系；

（2）对员工人文关怀；

（3）务实的工作态度；

（4）给员工相匹配的人事、财务、经营权。

2. KSF 是什么

（1）管理信息系统中必要的组成。

（2）一家公司或组织独有的特性。

（3）启发经理人思维的有效工具。

（4）特定市场中需要的主要能力和资源的描述。

（5）行动方案的达成过程。

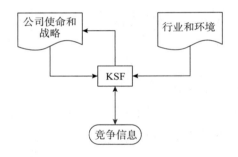

图 4 - 7　KSF 的作用

3. 为何要找到 KSF

对企业关键成功因素的分析，目的在于找到一些企业成功的关键性因素，一般一家企业关键性成功因素在 3 ~ 5 个，不能多于 8 个。然后对这些关键成功因素进行重点分析、把控，目的在于从这些因素提取到绩效考核的关键业绩指标，即所谓的 KPI（Key Performance Indicator），只要找到了企业成功的关键因素就可以把绩效考核落实为对关键绩效指标的考核。寻找企业的关键成功因素，关注点就是 Key 和 Success。所谓的"关键"就是在企业成功因素中，筛选出最具有代表性的核心要素，而"成功"并不关注失败的因素，而是这些核心要素和方法是否能够促进企业创造价值、实现成长。

关键成功因素具有一定的行业特色，比如服务业、制造业、科研机构、娱乐业均有很大的区别。如果我们正确地找到了关键成功因素，那么就能很简单地得出我们的关键绩效指标。

（二）找出企业的关键成功因素

首先，企业的关键成功因素是让每位员工能够看懂的；可以被有效执行的；是针对明确的领域、资源、能力的具体描述。

1. 组织企业关键成功因素研讨会议

组织企业的高层管理人员和资深的老员工代表开会，主要讨论三个方面的问题：一是企业为什么会成功？导致它过去成功的因素有哪些？二是我们在分析了过去成功因素后，还要确定哪些因素还能对企业持续有效，可以帮助企业持续获得成功。过去成功的原因有可能是现在失败的理由，还要明确哪些因素已经阻碍了企业持续的成功，需要进行消除。三是根据企业的战略目标规划，面向未来寻找企业追求的真正目标，如果我们未来会成功，那么成功的关键因素又是什么？通过对以上问题的追问找到可靠的答案，为明确各关键成功因素的性能指标和评估标准打下基础。

对于绩效项目组而言，关键是要设计好整个会议的流程。首先，注意参会人数和人员的选取，总人数控制在 30 人左右，绩效项目组的成员全部参加，绩效顾问负责组织会议，高层管理安排 50% 左右的人员参加，人数太多了会议无法达成一致的结论，也许 10 个小时都无法结束；会议要有专人负责会议记录。老员工代表的选取，原则上选 10 年以上本厂工龄的职员，有口头表达能力、心态积极向上、有一定文化水平的人参加会议。最好每个部门都派出 1~2 名老员工代表参会。

绩效顾问要组织高层管理人员，先回顾企业过去的发展历程，总结出过去的关键成功因素，并把关键成功因素写出来。

2. 请参会人员分组讨论，并提出他们认为影响企业持续成功、永续经营的关键因素是哪些

每个人至少要说 2 个，每个小组要提出 5 个供大家讨论。建议使用头脑风暴法组织参会人员进行讨论，最终初步选出 3~5 个关键成功因素，供进一

步地评估和审批确认。以笔者在企业 HR 顾问从业经验，这是一个考验绩效顾问或 HR 经理专业性的环节，因为如果组织不当，研讨会可能会变成无休止的争吵，最终也无法达成一致结果，甚至引起参会人员的反感。所以研讨会前的策划工作很重要。

3. 组织公司决策层、董事会、高级管理人员对初步选出的关键成功因素进行管理层复核、评估

绩效顾问要向管理层介绍经过初步讨论的结果是什么？讨论的过程是如何安排的？参会人员对哪些因素仍然存在不同的认识或争议？绩效顾问要将项目团队的想法和管理层做一次正式的交流、汇报，并告知项目团队下一步的行动计划。听取董事会及管理层对项目团队的建议，这是很重要的一个环节。最终通过技术手段完成企业关键成功因素的提取。

4. 宣导企业的关键成功因素

对于通过最终管理层评审的关键成功因素，绩效项目团队要立即通过所有的渠道对员工进行宣导，这是重要的工作。因为我们告知员工什么事情是对企业成功至关重要的因素，员工便会调整他们的工作方向，从而最大限度地发挥他们的能力和精力，使员工始终保持聚焦重点任务，不偏离航道。其实，综观我们的职业人生也是如此，如果你可以准确识别人生关键成功因素，并在人生各个阶段保持持续的关注和提升，你自然拥有了成功的人生。

六、第六步：建立关键绩效指标体系（KPI）

（一）关键绩效指标

关键绩效指标其实就是企业获得市场竞争地位和成功的一些关键因素的分解。根据二八定律，20% 的关键信息可以达到 80% 信息的效果。同样，企业 20% 的关键成功因素，可以给企业带来 80% 的成果。因为企业的关键成功因素具有时效性，它随着企业外部环境和企业本身的发展壮大而变化，过去的成功因素今天可能已经是阻碍企业发展的因素，需要被排除。所以当企业的关键成功因素发生变化时，企业的 KPI 关键绩效指标应相应调整。

（二）重要的 KP2 指标

1. 要清楚 KPI 是企业战略目标的细化

重新梳理战略目标是第一位的事情。一家公司致力于达到什么目标，就是一家企业的愿景和使命。企业现有的规模、资源、能力和所处的市场环境，回答的是企业的出发点。当我们拥有核心资源和能力，确定自己的竞争对手不能模仿的核心竞争力时，就可以清晰地确立自己的愿景和使命，以此制定十年的战略目标（长期目标），以及近三年的战略核心目标。每一个企业都应该把持续提升公司的获利能力与价值作为自己的核心战略目标，并具体量化为未来三年企业销售收入目标。

某装饰公司的战略目标

战略目标：

2015 年目标：产值 5 亿元，税前利润 5000 万元，做客户精装项目国内前三名。

三年（2016～2018）目标：累计完成产值 25 亿元，累计税前净利润 3 亿元。

业务战略：略。

产品战略：做高端精装修。

区域战略：三年内聚焦西南、华南市场。

客户战略：聚焦万科、恒大、碧桂园、绿地等优质客户。

职能战略：略。

研发：组建自己的设计团队。

生产：打造优秀施工管理团队，打造优秀施工团队。

财务：拓展投融资渠道，为上市作准备。

人力资源：加强战略规划、品牌管理、上市策划及营销团队的建设，加强员工的教育培训。

2. 寻找企业的关键成功因素

如果公司有清晰的战略目标和企业愿景、使命，那么我们在寻找公司的核心成功因素之后，就能形成清晰的战略地图。如图4-8、图4-9、图4-10所示。

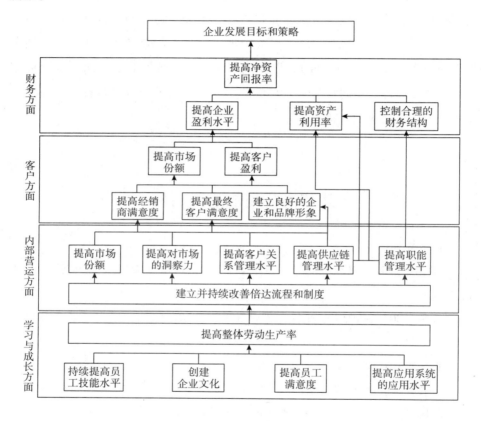

图4-8 关键成功因素法

企业可以借助平衡计分卡从财务、客户与市场、内部运营、学习与发展四个方面综合衡量企业的经营发展中的关键成功因素，企业的财务管理要证明企业在股东眼中的优良表现；客户与市场方面表现为企业在持续创造顾客价值、满足顾客的需求方面做对了什么；内部运营方面的成功因素要体现出比竞争对手更出色的核心能力；学习与发展方面表现出团队建设和员工的成长能满足企业对人才的需求，能满足企业持续创造价值的需要。

战略地图		企业KPI	
战略：增加机场利润	目标项目	指标名称	目标值
利润 — 增加营业收入 — 飞机数减少	利润率 营业收入增长 较少的飞机数量	利润率 每个座位收入 飞机耗用成本	15% 年增长5% 年减少2%
顾客管理 — 准时服务 — 票价优惠	维系老顾客 吸引新顾客 最低价格 航班准时	重复顾客数 新顾客数 航空局评比 准时起飞率	达到70% 年增长10% 第一 98%
缩短起降 周期时间	快速起降	地面停留时间	30分钟
战略性工作 战略性系统 地勤人员整合	发展必需技能 发展支持系统 地勤人员战略性	工作齐备程序 信息系统就绪 战略任职程度	3年达到 100% 100%

图4-9　战略地图

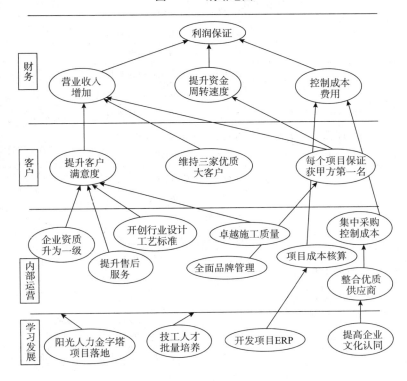

图4-10　某装饰公司战略地图

关键成功因素与企业的战略目标是高度协同，为了实现企业所想达到的目标和结果，还需要让这些关键成功因素在企业发展过程中实现结果与过程的平衡。

具体方法上，主要是通过鱼骨图把影响企业达成优秀业绩所需要的各种条件和需要实现的目标全部罗列出来，再层层分解，以确定企业的 KPI 维度。

某企业利用关键成功因素提取 KPI 程序（部分）

1. 解释关键成功因素并赋值

表 4 - 1   关键成功因素

序号	关键成功因素	关键成功因素具体目标及措施
1	利润保证	税前利润 5000 万元
2	营业收入增加	比 2014 年增长 20% 以上，达 5 亿元
3	提升资金周转率	适当降低项目毛利率，以提高中标率
4	控制成本费用	严格对预算执行进行过程控制
5	提升客户满意度	改善和优化客户满意度管理体系； 做到一次批量交付率达 90% 以上
6	维持三家优质大客户	万科、恒大、碧桂园三家合计业务收入 2 亿元
7	每个项目保证获甲方第一名	质量和服务超过 2014 年水平
8	企业质资升为一级	6 月前完成资质升级
9	开创行业设计工艺标准	①成立设计事业部 ②实现设计业务突破 ③成立精装房研发小组 ④启动提炼设计标准、公版
10	卓越施工质量	打造优秀施工管理团队（上半年达 800 人，下半年达 1000 人）
11	项目成本核算	略
12	集中采购控制成本	成立建材公司，与采购部对接，集中采购
13	整合优质供应商	战略合作至少 20 家供应商
14	提升售后服务	加强售后服务各工作的配置力度

续表

序号	关键成功因素	关键成功因素具体目标及措施
15	全面品牌管理	项目实地考察，房交会类似推广活动，业主开发体验日
16	阳光人力金字塔项目落地	全面落实人力金字塔的三大系统
17	技工人才批量培养	从招生、培训、就业三方面细化，新增 100 名技工人员
18	开发项目 ERP	对项目进行 ERP 管理，6 月启动
19	提升企业文化认同	结合人力金字塔项目

2. 分解关键成功因素（任务分工矩阵）

我们可以用"任务分工矩阵"将这些关键成功因素分解到相关的高管或部门。

表 4-2　分解关键成功因素

序号	关键成功因素	总经理	业务拓展部	工程管理部	设计部	材料供应部	售后服务部	财务部	人事部
1	利润保证	☆	◆	◆				◆	
2	营业收入增加	◆	☆		◆				
3	提升资金周转率		◆	◆				☆	
4	控制成本费用			◆	◆	◆		☆	◆
5	提升客户满意度		◆	☆	◆		◆		
6	维持三家优质大客户	◆	☆	◆					
7	每个项目保证获甲方第一名			☆	◆		◆		
8	企业质资升为一级	☆							◆
9	开创行业设计工艺标准			◆	☆	◆			◆
10	卓越施工质量			☆	◆	◆	◆		
11	项目成本核算	☆		◆		◆		◆	
12	集中采购控制成本			◆		☆		◆	
13	整合优质供应商			◆		☆			
14	提升售后服务			◆			☆		
15	全面品牌管理	☆	◆				◆		
16	人力金字塔项目落地		◆	◆	◆	◆	◆	◆	☆
17	技工人才批量培养			◆					☆
18	开发项目 ERP			☆		◆		◆	◆
19	提升企业文化认同	☆						◆	◆

3. 确定公司层面上的 KPI

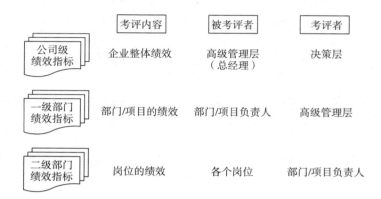

图 4 – 11　三级绩效管理系统

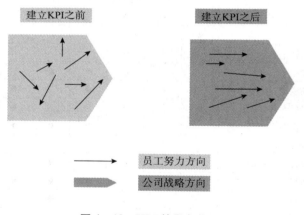

图 4 – 12　KPI 的导向作用

　　如图 4 – 11、图 4 – 12 所示，在鱼骨图的基础上，进一步地分解和细化，即确定 KPI 绩效考核的指标要素，这些绩效指标能为我们提供的一个可以描述性的工作要求，是对我们所确定的目标具体的细化。确定公司层面 KPI 关键绩效指标具体步骤如下。

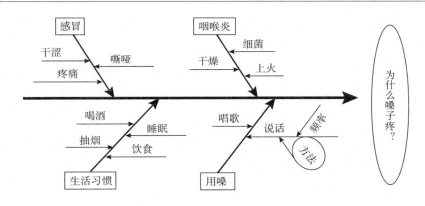

图 4 - 13 鱼骨图

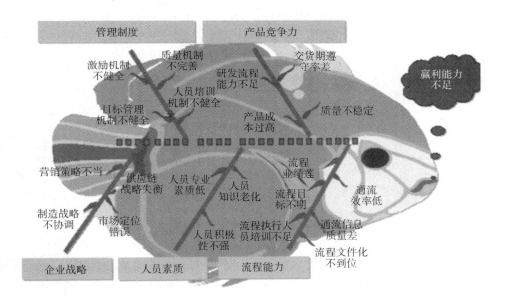

图 4 - 14 确定关键绩效指标

（1）借助"头脑风暴法"，确定每一个关键成功因素的衡量指标，形成公司 KPI 指标库。一个企业的关键成功因素有可能有很多能够反映其特性的指标。比如，对"产品结构及时调整和提升"这个核心成功要素的衡量指标，就有"重点产品边际贡献率""重点产品的销售比重""重点产品的销售量"等指标。为了便于考核人员实操，落实 KPI 绩效考核办法，使之简单化，所以我们就要对众多的指标进行筛选，选择出关键的绩效考核指标，即KPI。

（2）认真分析公司当前的经营管理能力，确定公司层面的关键绩效指标。因为绩效考核的导向性，往往我们企业缺什么就会考核什么，考核什么才能做到什么，通过这一步要明确的是企业改进的方向。

（3）明确考核主体。确定针对该考核主体的关键绩效指标的定义、计算公式、权重、收集频次、数据来源。

4. 分解公司KPI关键绩效指标，形成部门KPI

※公司目标=Σ部门目标=Σ科室目标=Σ个人目标

图4-15　绩效目标树立原则

结合公司战略目标和公司总的KPI关键绩效指标，根据各部门的职责，对目标进行分解，形成各部门的KPI关键绩效指标，确保指标与公司层面的KPI相关联。具体步骤是：

（1）寻找实现公司KPI关键绩效指标的关键成功因素。比如，要解决企业"目标成本下降率"的目标，就可能有下面的一些关键成功因素："改进工艺技术""降低采购成本""减少生产成本""降低财务成本的"等。确定关键成功因素，仍然可以运用"头脑风暴法"达成共识。

（2）形成各部门的KPI关键绩效指标。同样，针对实现"目标成本下降率"这一目标的关键成功因素（前提是已经确定），就可以制定适当的衡量指标，比如"制造成本下降率"、"采购成本下降率"、"重点研发计划完成率""财务成本下降率"等；然后，明确相关指标的负责部门，这样就形成了各部门的KPI关键绩效指标。如物供部的KPI就包括"采购成本下降率"，生产部的KPI肯定就有"制造成本下降率"指标。

（3）对确定的关键绩效指标进行关联性分析，通过复盘最终确定各部门的 KPI。到这一步，通过"自上而下"的指标分解方法，各部门的 KPI 关键绩效指标已基本形成，但是各部门指标之间的横向逻辑关系是否能达成协同，还要进行关联性分析，要从企业工作流程的角度来审视，评价各部门 KPI 指标的合理性。也就是企业各部门之间是一种大协作的关系，链条中的每一环都要适当地履行相应的职责与工作量。比如，要让生产部完成及时交货率，这一指标就必须要采购部门及时完成主料和辅料的供应，技术部门要及时完成生产技术资料并提交生产部。所以采购部门的"原材料供应及时率"指标和研发中心的"技术资料提交及时率"的指标，就成为生产部"及时交货率"指标的支撑。这就是关联性。所谓一环紧扣一环，任何一个环节出现问题，都会牵制其他部门，无法达成绩效目标。

5. 根据 Smart 原则确定该指标的合理性

KPI 能够客观集中反映关键成功因素所需要达成的目标结果的有效性。这个指标能够被量化，或者行为化，要避免凭主观判断来影响到绩效考核结果的公正、公平性。所确定的绩效指标要便于测算、衡量，也就是说考核的数据是容易获得，并且计算、衡量的过程要简单，否则就会陷入过度管理的境况。

表 4 – 3　SMART 原则

原则要求	正确方法	错误方法
S – 具体的	切中目标，适度细化，随情景环境变化	抽象的，未经细化，复制其他情境中的指标
M – 可度量的	数量化的，行为化的，数据或信息具有可获得性	主观判断，非行为化描述，数据或信息无法获得
A – 可实现的	在付出努力之后可以实现，在适当时空范围内可以实现	过高的指标，员工经过艰苦努力也难以达到
R – 相关性	具有相关性，且密切相关的	无相关性的或相关性极低的
T – 有时限的	可以采用时间单位计量关注产出效率	不考虑时效性，时间概念模糊，期限过于漫长

通过关键成功因素分析法确定了各部门 KPI，最终要确定各部门个人的绩效考核指标。同样的方法，我们把公司 KPI 分解为部门的 KPI，即根据部门的 KPI 结合部门内各个职位的职位说明书提取关键的绩效指标，明确定义、计算公式以及权重，通过自上而下的分解，仍然从流程的角度进行指标的关联性分析，形成各个职位上的 KPI。最终实现对公司层面的 KIP 关键绩效指标的逐层分解，并落实到对企业全员的考核上，确保企业战略目标的实现。

七、KPI 的类型

1. 数量指标

产品产量、销货量、销售额、利润等属于数量性指标，通常可以通过工作记录、统计报表、财务票据等方式获取这类指标的数值。

2. 质量指标

破损率、独特性、准确性、一次检验合格率、废品率等属于质量性指标，一般可以通过生产记录、上级评估、客户反馈等方式获取这类指标的数值。

3. 成本指标

单位产品的成本、投资回报率等属于成本指标，则可以通过财务方面获取有关数据。

4. 时限指标

供货及时性、供货周期、到货时间、最后完工时间等属于时限指标，可以通过上级评估或客户评估等方式获取数据。

八、关于小微企业导入 KPI 的问题分析

许多小微企业引入 KPI 考评系统可能并不成功，那造成这种现象的原因是什么呢？首先我们定义小微企业的概念，根据国家统计局的公开资料显示，对于工业企业小微企业的员工人数定义为：微型企业人数为：20 人以下；小型企业人数为：20 ~ 300 人。

从根本上分析原因，就是对绩效环境的认知不足，准备工作也不充分，就盲目导入 KPI，任何考核体系均要结合企业实情，才能有效推行。优胜劣汰是自古以来考核的目的和结果，但不是唯一的目的。而绩效考核作为现代

人力资源管理的核心内容之一，其意义远不只淘汰或被晋升被考核者，更应该有激励与引导作用。黜退其幽者，升进其明者。

无论以何种形式出现，绩效考核都无法完全消除它所引起的被考核者的紧张甚至反感，所以，绩效管理往往是"最难啃的一块骨头"。尤其是在小企业中，要将绩效考核的"尺度"把握好尤为重要。

（一）小企业绩效考核的特点

（1）小企业的组织结构简单，人员编制较少，通常领导者是"大管家"，多能工，各种权力集于一身，他的行为方式和领导风格基本上决定了企业的风格，也即是企业文化。企业领导人的能人文化色彩浓厚，往往缺乏制度化管理观念，也没有条件实现制度化管理，对下属的业绩考核具有主观性和随意性。这是由企业创业初期的特点决定的。

（2）在小企业中特别是民营企业中，由于规模小、实力弱。为了生存，以业务为战略核心是企业生存的必需，所以完全以业务量或销售量衡量员工绩效，企业里最重视的就是业务部门，甚至是个别资深的业务员，就是企业生存的关键人物。至于其他方面和部门，如企业文化与制度的建设，员工的道德以及自我学习和提升的能力等都被忽略掉了。

（3）小企业通常是直线制组织结构，人员编制少，管理结构扁平化，人与人之间可以直接面对面沟通，一个人可能就代表了一个独立的部门，甚至1个人负责2个部门的工作，日常工作繁重，对员工要求必须是多面手，且工作效率高。企业往往有较浓厚的"家"的色彩，人情味较重，缺少制度、流程，在绩效考核中容易出现不客观的现象。许多小企业对员工的尊称就是：家人。

（4）小企业的制度和流程不完善，许多制度和流程都在人的脑子里，工作时也尽量简化相关流程，同时企业在激烈的竞争中又要随时应变，甚至进行大的业务调整，企业是在变化中求生存，根本没有长远发展目标，因为许多小企业依赖于大企业的外发订单生存，一旦发生跑单事件，企业瞬间陷入危机，甚至倒闭。所以类似目标管理、KPI等先进管理方法很少能在小企业中推行，绩效考核也难以有据可依，因为本身的基础管理工作没有建立和完善。

（二）把握好绩效考核的"度"

对小企业而言，既不能让考核过于复杂，又不能没有科学的程序和制度，这之间需要把握好"度"。

（1）无论制定何种考核制度，都要避免"完美制度"，向行业内一流企业看齐，甚至去模仿大企业的制度。制度是可以模仿，但企业实力、机遇和老板胸怀是无法模仿的，现在许多企业学习华为公司，但谁又真正学到了华为文化的精髓呢？笔者曾经培训过的企业，有些企业老板设置如同海市蜃楼一样的股权激励方案，曾经有一位新入职的高管请求公司，将老板口头答应的股权激励方案给他一份备存，换来的却是立即解雇。这种激股权励制度只是劳资双方玩的一个游戏而以，谁也不必说明了。但是，企业制度是企业长期战略的体现，我们讨论制定时应尽量考虑周全，但也要斟酌程序的易行性，最好是分阶段的完善。一次性制定出"太完美"的制度会难以执行，也许会让老板和员工双方都不适应。对于小公司，可以将考核周期设定为一个季度一次，由于小企业员工的工作职责可能出现了跨部门或者跨岗位，1个人做2个岗位的事情，无法清晰界定他的岗位职责内容，所以考核方向要调整为针对员工个人能力的考核，而不是针对某一个固定的岗位。

（2）对小企业而言，企业的发展往往表现为关键员工的工作努力程度与个人价值体现，他们可以让公司业绩效实现，也可以让公司举步维艰，所以绩效考核作用应更偏重于对核心员工的激励。结合绩效考核制定相应的薪酬体系，让考核结果直接与员工的绩效奖金挂钩，当员工看到绩效考核带来的好处时，制度才能顺利推行。这里还需要准确把握考核内容的全面性和考核指标的重点性。小公司考核指标中的业务指标，如销售额、利润、市场占有率等战略的权重尽量大些，而一些个人素质、能力、价值观等方面的指标权重则可小些，但也应有所体现。

（3）由于小企业时常处在变化中，绩效考核的内容和指标体系不能一成不变，要反映企业的重点和变化导向。但考核制度在一个战略时期内又应保持稳定，因此小企业可借鉴一些比较科学的管理方法，结合实际情况使用。

（4）一定要进行考核后的管理人员与员工的绩效反馈面谈。有的小企业主管认为，考核应简单高效，我每天事物繁多，一个人干两个人的活，哪里有时间和员工做绩效面谈，将结果公布出来就算完事。然而绩效考核的功能之一就是帮助指出考核期工作中出现的问题和不足，指导员工修改工作计划，提高工作效率。所以，考核后面谈是必不可少的。小企业可以根据自身特点，采用不同的面谈方式，如果时间紧业务忙，也可抓住与员工业务沟通的空隙，了解员工对绩效考核结果的想法，随时掌握他们的工作状况。小企业的员工绩效反馈面谈通常是在下班以后，在员工忙完一天的工作休息时再安排。笔者在企业培训时认识一位创业老板，他们的公司只有 20 人，公司统一为员工租了公寓，员工和老板住在一起，老板每天晚都安排工作面谈、绩效面谈，最后有 2 位高管实在受不了，自己搬出公寓了。笔者告诫老板，员工下了班，不是每个人都和你一样 24 小时在工作状态，22：00 后请不要再和员工谈工作了。当然笔者作为咨询师的角色非常理解和体会老板的想法及压力，但水至清则无鱼，人至察则无徒。我们改变和影响一个人的价值观和行为方式是一项长期的任务。

（5）做好公司领导人的说服工作。在小企业中，任何制度的建立和变革最强的动力还是来自公司领导人，所以要让他认识到，不能仅靠印象、关系来评判员工绩效，公平的考核制度对公司成长必不可少。

（6）做好制度设计前的宣传和动员，建立考核监督机制。推行考核前应进行充分调查，使员工认识到绩效管理的必要性，倡导考核面前人人平等的原则。

总之，针对小企业的管理特点，规模、技术、实力都处于成长期，复杂而且成本高的管理系统可能不太适合，所以评估系统的宗旨应是重效果、重可行性。它的制度设计、考核方法应以小企业的实际情况为出发点，尽量做到实用、高效，切忌复杂而不实用，或千篇一律。

九、总结

保持关键绩效指标的适用性与效力是实施绩效评价的最基本要求。

首先，为了保持 KPI 的有效性，HR 至少每年组织评价一次企业内部的关键成功因素。因为我们所处的时代经营环境变化太快，以至于企业的繁荣状况可以在一年之内发生显著改变，企业的关键成功因素可能转瞬即逝。

其次，HR 部门每半年要进行一次 KPI 运行研讨会议。研讨会的目的是促使关键员工与管理层重新评估绩效评价指标的效度和信度。同时，需要为新的关键成功因素确定新的评价指标，并且需要企业管理层和员工对新确定的评价指标展开集体讨论，讨论的内容包括绩效评价指标是否适合实际的情况以及这些指标的执行状况。

最后，我们要邀请一些被考评者参加研讨会议，他们是最直接的利益相关者。我们需要在绩效讨论过程中不断地与利益相关者进行沟通，向其咨询有关信息，多听听他们的想法和建议，以确认企业战略与关键成功因素是否需要改进。

头脑风暴法（Brain Storming，BS 法）——又称智力激励法或自由思考法（畅谈法、畅谈会、集思法）。头脑风暴法出自"头脑风暴"一词。所谓头脑风暴（Brain – Storming），最早是精神病理学上的用语，指精神病患者的精神错乱状态。而现在则成为无限制的自由联想和讨论的代名词，其目的在于产生新观念或激发创新设想。

头脑风暴法是由美国创造学家 A. F. 奥斯本于 1939 年首次提出，1953 年正式发表的一种激发性思维方法。此法经各国创造学研究者的实践和发展，现在已经形成了一个发明技法群，如奥斯本智力激励法、默写式智力激励法、卡片式智力激励法等。

在群体决策中，由于群体成员心理相互作用影响，易屈从权威或大多数人意见，形成所谓的"群体思维"。群体思维削弱了群体的批判精神和创造力，损害了决策的质量。为了保证群体决策的创造性，提高决策质量，管理上发展了一系列改善群体决策的方法，头脑风暴法是较为典型的方法。

第五章　工具篇：OKR在绩效管理中的运用

第一节　什么是OKR

一、OKR的定义

O是Objectives，KR是Key Results，OKR就是Objectives and Key Results，即目标与关键结果法。目标是指我们想实现什么？关键结果是如何实现目标（实现目标的路径是什么？我们必须达成的具体任务是什么？）

OKR是一种完成企业战略目标任务体系的推进工具，是一套明确目标并跟踪其完成情况的管理工具和方法，它不是为了考核员工而发明的。笔者建议，员工的OKR建立及完成情况，不应该和员工的绩效奖金挂钩。OKR的核心是鼓励员工永于冒险和挑战自我，从不确定性的市场中找到突破口，及时推进管理变革为企业赢得商机和成功。我们通过OKR将传统管理的"要我工作"变为"我要工作"，所以，如果OKR和员工的绩效奖金挂钩，员工为了容易完成任务、达成目标，就会主动降低工作目标的水平。这是人性的弱点，无法回避的管理难题。

世界上许多著名的公司已经成功应用了OKR工作法，如谷歌、英特尔等企业。它们的做法是让每个员工在每个季度之初都需要关注公司OKR及部门的OKR，并给自己定出OKR，写好后放到公司里的内部网页上，这样大家都可以看到。如果公司里谁没有制定 OKR 也一目了然，相信你的主管会和你交流此事，了解你的困惑或困难，并帮助你解决。员工需要根据个人的 OKR，并将 KR 分解到每个月、每周的工作中，最终制定出每周的重点工作任务，次重点工作任务。请注意每周的重点工作任务是必须完成的，在每周的部门例会上，主管都应该花时间去检讨团队和个人 OKR 的完成情况，并及时去解决日常问题，以确保每一个 KR 都应按计划推进。

到了季度结束之前，每一个人会给自己的目标完成情况打分。完成了，得分就是 1；如果部分完成，得分是 0 到 1 之间的一个数字。

谷歌强调每一个人制定的目标要有挑战性，同时在总结季度工作时，可以增加当初没有制定的新目标（O）。对于不打算完成的目标，或者已经过时、不再有意义的目标，不能删除，但是可以说明为什么没有做。

OKR 由一个需要极致聚焦的明确目标和量化该目标的数个关键结果这两大主要部分组成。比如："你的目标（O）是招聘一位销售总监"，那么关键结果（KR）则是"每天搜寻 50 位候选人的简历"或"每天给 10 位候选人做电话交流"或"每周约三位候选人来面试"等。

二、企业推行 OKR 有哪些好处

（1）由于 OKR 的设置是公开、透明的，全公司的人都可以在系统（内部网）清楚看到公司层面、部门层面及个人层面的 OKR 设置情况，它打破了传统企业中存在的管理问题（即各部门各自为政，各部门工作职能、重点工作及目标，团队之间并不清楚，横向沟通很困难），OKR 极大地促进跨部门的横向沟通，甚至普通员工都可看到总经理的 OKR，这在传统企业是不可思议的事情。

（2）同时，由于 OKR 是每个季度进行重新梳理和评估的，通过不断的修正组织、团队的目标，并调整部门重点工作任务，使企业面对市场的不确定性因素的反应程度也会变得更加敏捷。OKR 使人们聚焦重点工作任务。最后，OKR 是员工必须参与的管理活动，它强迫员工要不断的思考，如何去达成自己设立的目标。OKR 也是一种很好的创新推进工作方式，它改变了传统的必须由部门主管来布置和推动工作任务的方式，它可以实现主管不在公司

的情况下，员工自发地去开展各自的工作，并实现部门的目标。

三、好的 OKR

首先，它必须是一个鼓舞人心的目标。其次，本季度或年度是可以执行的目标，甚至可以分解到月度。再次，这个目标是在可控范围内的，通过团队的成员的努力，目标是可能会实现的。最后，目标必须对公司业务开拓有价值，而不是各自为政的部门工作目标，它要体现各部门的工作目标必须要聚焦在重点项目。不是根据各部门的职能工作去自行制定工作目标，而是根据企业的 OKR 去制定部门的 OKR，再制定个人的 OKR（注意：OKR 制定是需要上、下沟通一起制定，不是强行分配的工作任务）。具体描述如下：

（1）按照年度、季度设置 OKR 都可以，但一定要关联公司的使命和愿景。愿景让你保持正确的方向。目标（O）应该是定性的，代表一个公司、部门或个人期望的方向；KR 应是定量的，因此可以用数据去衡量我们是否达成了目标。它可以是原始数据（访客人数、供应商数、入离职人数、新客户人数）、一定的金额（销售额、利润、产值、物料损耗）、比例（人员流动率、市场占有效率、品质合格率）或者任何其他定量描述。推进工作进度不能是一种观点描述，它必须是数值化的。KR 的表述必须是清晰的、可见的，它用于衡量你是否达成了目标。

（2）如果你发现一起床就有工作的激情，说明你设置了一个良好的目标；如果你看到关键结果时有点担心，那么这个关键结果的设置就是恰当的。目标的设置很有学问，既要有一定的难度和高度，必须对员工有激励和刺激作用，又不能太高、太难，让员工觉得根本无法完成，失去了信心。所以设置时，必须是员工自己定出来的 OKR，当然过程中可以和主管讨论，但不能是主管强行设置的目标，那样 OKR 就失去了存在的意义。

（3）一个好的 OKR 的目标必须是可衡量的，是有挑战性却又不至于让人绝望的，对于完成它，初始时我们大约抱有 50% 的信心，每周检讨工作时，再调整信心指数，但需要说明原因。

第二节　哪些企业适合使用 OKR

OKR 最初流行于硅谷，随后风行于全球，作为一个管理工具，虽然它有许多的优势，但使用前你必须搞清楚，OKR 对于我们企业适合么？我们为什么要引入 OKR？我们的其他管理工具真的失效了么？还是我们并没有用好目前的管理工具，就急于尝试新的管理工具？请注意中西方文化的差异、教育、素养和习惯的差异，国外的先进管理工具，我们可能会出现水土不服。所以，在引用任何新系统之前，我们首先要了解它。

OKR 适合的企业类型：OKR 适用于创新驱动型企业，靠不断创新才能持续生存的企业，以及适合处于创业初期的企业。对于战略、组织、产品、渠道都成熟的传统企业并不太适用，但可以用 OKR 的管理思路去推动各部门、员工的工作，所谓取其精华为我所用。正如，我们不能抛弃 KPI 一样，任何管理系统都有它的特点和优势，关键是我们如何去发挥系统的作用。

一、产品迭代型——IT 类

IT 类企业属于高度技术密集型行业，尤其是新兴的互联网企业，产品更新迭代快，需要不断地进行技术创新、不断地探索突破，来快速地适应市场环境的变化。这样的快节奏使员工必须拥有敏锐的产品嗅觉，并且能够充分发挥内在创造力，OKR 鼓励冒险，鼓励自己解决问题，这种管理方式更符合 IT 类企业需求。

二、头脑风暴型——广告公司类

广告创意型企业的工作岗位往往标新立异，它不需要一成不变的氛围，反而鼓励大胆的想法，更大的创新。在企业管理上，过于僵硬的量化指标只会让其束手束脚，对灰度空间、容错能力的高度包容性，使其更适合采用 OKR 的方法。OKR 允许员工犯错，但你必须要创新。

三、创业型品牌运营公司

通常创业初期的品牌运营公司，往往组织结构简单，人员配置不足，存在一个人需要承担多项职能工作的局面。特别是面对市场的多变和复杂性，往往战略目标并不是非常清晰、需要不停地探索来确认企业的未来发展战略，进而需要不断地调整业务策略。这种模式对业务部门、研发部都带来了巨大的困扰和挑战。另外，OKR 的集成模式将企业优势资源聚焦在最重要的事情上，最大限度上减少了资源的浪费与内耗，这对创业型企业尤为重要。

四、谋求转型的传统企业

在外界市场的快速变化下，许多传统企业开始被迫谋求转型升级，而企业变革的最直接目标便是实现从存量市场到增量市场的突破，必须要开拓新的业务领域。这种巨大挑战和压力，必须要有"上下同欲"的整体配合，OKR 更能引导团队思考，在目标公开透明的情况下，员工更清楚如何让自己的工作与企业战略相一致，相互协调寻找业务的突破点和创新点，带动整体资源实现转型变革。笔者提供咨询服务的贵州某国有企业转型过程中，市政府牵头将 10 多家国有企业合并组成国有企业集团，统一战略、统一部署、统一规划，从集团财务效益、市场表现、内部管理、员工发展四个层面设计战略目标，明确集团的当前时期的重点工作，并要求各子公司根据集团公司战略制定各自近 3 年发展目标，但是各子公司的发展目标必须承接集团公司的战略重点任务。

第三节　如何设定 OKR

（1）在设定 OKR 之前，先明确企业的使命。它不必多么优雅，但应当简洁、好记，像纲领一样具有指导性，它会提醒你不要把时间消耗在无用的事情上。这个原则也适合个人运用 OKR 来管理自己的工作和生活。

（2）如果是一个团队，从 OKR 的层级上，应自上而下，先设定公司层面的 OKR，然后才是部门的 OKR、个人 OKR（可选）。我们要逐步推行，不要一上来就全员上阵去设定 OKR。

（3）目标必须是有挑战性的，这样大家才会全力以赴，隐藏实力不是实施 OKR 的目的。由于 OKR 不和员工的绩效奖金挂钩，所以员工才会设立有挑战性的目标。

（4）关于 OKR 的数量，我们建议，企业的目标（O）1~2 个；关键结果（KR）2~4 个。OKR 的核心就是聚焦重点目标，少即是多。目标最好不要多于 2 个，1 个也可以，每个阶段我们专心做好一件事情，每个季度团队都有进步，就是成功。同时，我们要处理好日常事务和 OKR 之间的关系，不能让员工为了达成 OKR 而忽视了日常工作的完成。

（5）制定目标时，我们需要团队成员花一天或更长的时间开 OKR 专项研讨会议，最好运用头脑风暴法的会议形式，自下而上地收集全员的想法和创意，了解员工心里认为公司目前最应聚焦的是什么事情，比如改善内部流程，还是拓展新的业务领域？或是加强团队建设？首先提出公司的 OKR，决策层可以补充上他们的目标。设定 OKR 的会议上，把这些目标集体过一遍，千万不要批评别人的思想，最重要就是集思广益，鼓励员工参与，我们剔除重复的目标，整合相似的，最终通过投票把目标减少到 1~2 个。

（6）设定好目标后，针对目标设置 2~4 个能衡量目标是否实现的关键结果。

（7）设定好关键结果后，给每个关键结果设定一个初始信心指数（即你们预估完成这一关键结果的概率为多少，初始值一般建议为 50%），并在今后的 OKR 运行中持续跟踪这一数字。

公司层面的 OKR 设计

O：保持公司研发团队稳定。

KR1：研发部门主管在 2 周内与研发人员面对面深入沟通一次。

KR2：8 月组织公司决策层与研发人员代表通风会，宣导企业发展战略及关注研发人员需求。

KR3：HR 部门 9 月组织梳理研发人员薪酬制度，并修订绩效与薪酬制度。

KR4：HR 部门 9 月梳理研发人员的福利及后勤保障情况，并制定改善措施。

第四节　OKR 与 KPI 的区别

笔者认为对于战略、组织、产品、渠道都成熟的传统企业而言，已经有了战略性的 KPI 管理体系，OKR 可以作为企业推行 KPI 落地执行的一种管理工具，将用于员工考核的 KPI 具体内容，分解到员工每个月或每周或每天的工作中，并用 OKR 的思路和方法跟进员工需要完成的工作任务。它能够帮助员工建立每个月、每个周的清晰工作目标，并要求依据 OKR 的方法，建立并承诺关键工作结果的按时完成。OKR 与 KPI 并不矛盾，也不会互相否定，只是它们的关注点有所区别，适用的企业有所区别，仅此而已。它们区别总结如下：

表 5 -1　OKR 与 KPI 的区别

	KPI	OKR
本质	绩效考核工具	沟通和管理工具
前提	职责分工明确；目标能数字化	上下级工作方向一致；公开透明；
激励	激励手段，与薪酬挂钩	激励手段，不与薪酬挂钩
环境	不公开	公开透明（全公司员工都知道）
导向	结果导向，关注目标结果达成	过程导向，关注工作有效推进
目的	考核员工与薪资挂钩	时刻提醒关注重点工作
灵活性	不轻易调整	根据实际情况调整（季度）

第五节 如何运行你的 OKR

一、执行前的心理准备

（1）当 OKR 制定完毕，确保它具有一个十分明确的目标。

（2）有了 OKR 后，记住你需要反复传达给所有人，直到所有人步调一致向目标聚焦。

（3）你必须付出时间来实现目标，而不是无尽地寄希望于明天。

（4）做好失败的准备，准备好从失败中学习，并重试。

（5）不要中途更改 OKR，对于一个已设定的 OKR，要么成功，要么失败，如果失败，下次吸取经验就会做得更好，没有哪个团队第一次就能很完美地设定 OKR。

（6）OKR 这类方法不是为了确定企业最有可能达成的一个目标是什么，而是为了识别目前有助于企业成功的最重要、最紧迫的重要目标，并去实现它。因此，在制定关键结果时，不要抱着以此作为绩效考核标准的心思，这会使人们制定出隐藏实力的关键结果数值。关键结果（KR）全部未达成，或全产达成但却没有推动企业实际进步，这说明 OKR 失败了。

二、OKR 的推进形式很重要

（1）每周一，团队一起开例会时盘点 OKR，来明确本周具体负责完成哪些任务。本周关注的任务是什么：列出 2 ~ 4 件最重要的事情，只有本周完成了这几件事，团队的目标才能向前推进；明确这些事的优先级（P 表示 Plan，P1 的最重要、优先级大于 P2；通常不设置 P3 级，因为员工已经无法聚焦）。

然后，要明确在每月 4 周的工作计划中，有哪些事情需要其他团队成员做好准备或支持。

每周一的会议可以用 20% 的时间来陈述工作进展及遇到的问题，剩余时间一起讨论下一步计划，并落实每个人本周的职责。这个会议可能需要 2 个小时或者更长时间，但我们认为和员工沟通工作计划是重要的事情。

（2）每周五，召开"胜利大会"，让每个团队都可以展示本周的工作成果，并准备一些酒水饮料和点心等庆祝这些成果。当然，这个仪式很有西方企业文化的味道，这也许和许多的传统企业文化会有冲突，但是我们应该学习别人的长处。笔者在瑞士投资的企业任职时，瑞士老板开会时，管理人员可以抽烟、喝饮料、吃食物，甚至蹲在椅子上，只要大家关注的是工作内容就可以了。每周重复这些事情，反复"明确责任"—"庆祝胜利"的节奏，将其变成一种工作习惯，就实现了 OKR 的分步骤落实，也形成了企业的良好工作氛围。

三、易造成目标无法达成的 5 个因素

（1）设置多个目标但没有给目标设定优先级，没有区分出 P1—P2—P3。

（2）缺乏充分沟通，导致团队其他成员没能准确理解目标。

（3）没有做好具体落实目标的计划，只是空谈目标。

（4）没有把时间花在重要的事情上，而是做了许多偏离目标的事情。

（5）轻易放弃。

第六章 反馈篇：绩效辅导与面谈

第一节 绩效辅导

一、绩效辅导的定义

绩效辅导就是在绩效管理过程中，管理者根据绩效计划的进度，采取恰当的领导风格，对下属进行持续的指导，确保员工工作不偏离组织战略目标，并提高其绩效周期内的绩效水平以及长期胜任素质的过程。要想成为一名合格的指导者，并不一定需要成为该领域的专家，但要掌握和员工沟通的技巧。对员工进行指导关注的基本问题是帮助员工学会认清自己和发展自己：通过监控员工的工作过程，及时发现员工存在的问题，及时对员工进行指导，培养其工作中所需的职业技巧和操作能力。优秀的指导者或管理者应该在以下三个层次上发挥领导的作用：

（1）与员工建立一对一的密切联系，向他们提供反馈，帮助员工制定能"拓展"他们目标的任务，并在他们遇到困难时提供支持。许多优秀的企业采用了导师制度，对新员工进行辅导和帮助。我国计划经济时期的工厂，工人进车间工作均要指派一名师傅，并开始长达 3 年的师徒关系，师傅和徒弟的关系非常亲密。

（2）营造一种鼓励员工承担风险、勇于创新的氛围，使他们能够从过去的经验中学习。这包括让员工反思他们的经历并从中获得经验，从别人身上学习，不断进行自我挑战，并寻找学习新知识的机会。工作的进步在于总结和反思，企业应养成一种风气，允许员工犯错，鼓励员工挑战新的知识或业务领域，失败并不可怕，最可怕的是失败了不去总结经验教训，下次还会失败。

（3）为员工提供学习机会，使他们有机会与不同的人一起工作。把他们与能够帮助其发展的人联系在一起，为他们提供新的挑战性工作，以及接触某些人或情境的机遇，而这些人或情境是员工自己很难接触到的。比如，为员工提供到企业外部学习、参观和交流的机会，甚至是参加同行业标杆企业的管理经验交流活动，这样可以使员工广开视野，打开工作思路。

二、绩效辅导的时机与方式

（一）辅导时机

为了对员工进行有效的辅导，帮助员工发现问题、解决问题，更好地实现绩效目标，管理者必须掌握进行辅导的时机，确保及时、有效地对员工进行指导。一般来说，在以下时间进行指导会获得较好的效果：

（1）当员工需要征求你的意见时。例如，员工向你请教问题或者有了新点子想征求你的看法时，你可以在这个时候不失时机地对员工进行辅导。

（2）当员工希望你解决某个问题时。例如，员工在工作中遇到障碍或者难以解决的问题希望得到你的帮助时，你可以传授给员工一些解决问题的技巧。

（3）当你发现了一个可以改进绩效的机会时。例如，当你发现某项工作可以用另外一种方式做得更快更好时，就可以指导员工采用这样的方法。

（4）当员工通过培训掌握了新技能时，如果你希望他能够将新技能运用到工作中，就可以辅导他使用这种技能。

对员工进行指导时，管理者需要获得关于他们绩效的信息。持续地监督有助于管理者获得反映员工绩效所必需的信息。监督不是一种被动行为或一项偶尔为之的活动，而是通过使用一种（或几种）特定的方法收集所需数据，如关键事件记录法等，使管理者获得足够的信息，确保管理者的指导有的放矢。

（二）辅导方式

每个人都有一种天生的或者具有倾向性的辅导风格，但为了取得满意的指导效果，必须采用权变观点，根据具体情况采用不同的风格来指导。管理者需要了解自己的指导风格以及应用时机，这样才能使管理者对员工的指导更加有效。常见的辅导方式有以下几种，对于不同类型的员工可以酌情予以使用。

（1）指示型辅导：主要针对那些完成任务所需的知识技能比较缺乏的员工，给予他们一些有关怎样完成任务的具体指示，然后一步一步地传授完成任务的技能，并且跟踪员工执行情况。

（2）方向型辅导：员工基本掌握完成任务的知识技能，但有的时候还会遇到一些特殊的情况无法处理；或者员工掌握了具体的操作方法，但需要主管人员进行大方向性的引导。

（3）鼓励型辅导：对于具有完善的知识技能的专业人员，主管人员的辅导不必介入具体的细节，只需要给予他们鼓励和适当的建议，使员工充分发挥自己的创造力。

第二节 绩效面谈

一、绩效面谈的认知

绩效面谈，往往被错误地定义为一项"得罪人"的事情。

绩效面谈是绩效评价中必不可少的重要环节，但很多经理人往往认识不到这一点，总是抱着应付心理，结果使绩效面谈流于形式，根本没有起到应有的作用。

让我们先来看一个经典案例吧。（某部门经理与下属小王的绩效面谈）

经理：小王，有时间吗？

小王：什么事情，经理。

经理：想和你谈谈，关于你年终绩效的事情。

小王：现在？要多长时间？

经理：嗯……就一小会儿，我9点还有个重要的会议。哎，你也知道，年终大家都很忙，我也不想浪费你的时间。可是HR部门总给我们添麻烦，总要求我们做这做那的，不做完又会被催，搞得大家都很烦。

小王：好吧。

经理：那我们现在就开始吧，我比较注重工作效率。

于是小王就在经理放满文件的办公桌的对面，不知所措地坐下来。

经理：小王，今年你的业绩总的来说还过得去，但和其他同事比起来还差了许多，你是我的老部下了，我还是很了解你的，所以我给你的综合评价是一般，怎么样？然后，抬起头看了一眼小王。

小王：经理呀，您的评估不对吧。今年的很多事情你都是知道的，我认为我自己做得不错啊，年初安排到我手里的任务我都完成了，另外我还帮助其他同事做了很多工作。部门许多新人的工作都是我帮助他们学会上手工作的，多操心啊，但这些事情都没有人关注呀。

经理：年初是年初，你也知道公司现在的发展速度，在半年前部门就接到新的市场任务，我也对大家做了宣布的，结果到了年底，我们的新任务还差一大截没完成，我的压力也很大啊！请你也理解我工作的难度。

小王：可是你也并没有因此调整我们的目标啊？您也没有给我明确新的工作方向，只是开会时宣布了新的部门业绩目标，我每天可也没有闲着啊！

这时候，秘书直接走进办公室来说，"经理，大家都在会议室里等你呢！"

经理：好了、好了，小王，写目标计划什么的都是HR部门要求的，他们搞得那么复杂，也不知道他们又从哪里学习了新的管理工具，但他们哪里懂公司的业务！现在我们都是计划赶不上变化，他们只是要求你的表格填得完整、好看，而且，他们还对每个部门分派了指标。也许HR应该组织对团队进行管理工具的培训，我们以后和HR部门要多点沟通。

不过，其实大家都不容易，HR部门也要不断创新，才能向公司体现他们的价值。再说了，你是老员工了，我也很信任你，你的工资水平也不低，你看看新来的小李，他的工资比你低，工作却比你做得好，所以我想你心里应该平衡了吧。明年你要是做得好，我会让你满意的。好了，我现在很忙，下次我们再聊。

小王：可是经理，去年年底考核的时候，您好像也是这么说的呀，这真的对我很不公平……

经理没有理会小王，匆匆地和秘书离开了自己的办公室。

各位朋友们看了这个案例，是否有同感？我们的绩效反馈面谈是如何做的？会比以上的案例更具有专业性么？还是根本没有去做。所以，上述案例展现的情形并不是个案，而是很有代表性。针对这一现状，有很多不同的看法，归结起来，有以下几种观点：

第一种观点认为：绩效面谈应该贯穿于整个绩效管理 PDCA 循环当中，不要等到了绩效考核结束时才进行面谈，那时候的面谈无疑就是"秋后算账"，只会让人不爽。

第二种观点认为：绩效面谈的核心在于改善和提升员工绩效表现。比如应该布置好面谈场景，营造好面谈气氛，对谈话的开头、中间和结尾部分进行精心设计。既要照顾到对方的感受，又要让对方认识到自身的不足，还要给对方以鼓励和希望，从而达到改善绩效的目的。

第三种观点认为：绩效面谈不应该只是 HR 部门的事，而是所有部门和领导的事，所以都必须掌握绩效面谈中的技巧，否则就会导致整个绩效管理的失败。

以上几种观点都很有道理，实际上还会有一些难解之惑，大道理都明白，但实际执行时却依然走偏，这是为什么呢？

作为一名资深 HR，深知道理好讲，但实操难做，所以针对绩效面谈这件事，笔者也分享几点自己的真实感受。

（一）认识绩效面谈的难度，做好心理准备

绩效面谈应该怎么谈，教科书上有很多方法和技巧，但这些方法技巧多半是"理想状态"下的套路，或者说是事先预设好的，实际情形远比这复杂得多。我们面对的是有不同思想、不同性格的员工，和人沟通是最复杂的。就如同我们和不讲道理的人进行绩效面谈，你要变得更强势、凶狠，而不是温柔地和他讲大道理。你甚至要预演绩效面谈可能的最坏结果是什么？面谈时除了带上他的绩效评估表，需要带上辞职申请书么？关键时刻给他一个下马威？还是他可能会给我一个下马威？需要叫 2 名保安员携警棍在面谈室外待命么？职场上发生过 HR 经理在处理有问题员工时，同员工发生冲突而丢了性命的恶性事件。惨痛的事实告诉我们，这就是没有职业经验，更没有风险防范意识的后果。当然，请朋友们也不必害怕，大部分的员工还是善良的、讲道理的。

因为你在进行"绩效面谈"时，面对的不是抽象的人，而是某一个具体的人，这个人或许是一个有 20 年工作经验的"老油条"，有一定工作能力但不愿意承担责任，也曾经为公司的发展做过贡献，他对你的了解甚至比你对他的了解还要深。

这时候，你如果按照绩效面谈中的所谓"汉堡原则"跟他谈话，你刚开始表扬他一句，他便已经嗅出了你"不怀好意"的味道，知道你接下来肯定要开始说他的问题了，这时候他会先反问你："有啥就直说，别绕来绕去，坦率些吧！我赶时间。"这会让你非常尴尬，甚至不知所措。这时候，可能那些所谓的绩效面谈中的铺垫就显得多余和无用，而是要单刀直入、一针见血！压住他的气势！或者先把辞职申请书放在台面上，给他一个下马威！否则就达不到效果。

传统教材上的面谈技巧只是教会了我们一些谈话套路，但是绝不能机械照搬。也就是说，要根据不同的情况，对待不同的人，要用不同的谈话方式，而不是用一套拳法包打天下，这就对绩效面谈的人提出了很高的要求，他必须具有随机应变能力和理解能力，否则根本无法胜任领导者的角色，领导的一个重要职能就是会激励属下，其中，绩效面谈便是至关重要的一环。现在做一个让老板满意的 HR 并不容易呀。

除了绩效面谈的实际情形比预想的更复杂之外，还有一个很重要的因素，就是对绩效面谈的心理接受程度。

作为部门管理者和绩效评分者，你跟属下进行绩效面谈时，需要克服自我情感因素，不仅要撇开平时的喜好与偏见，更要做到客观公正。

这个问题看似很简单，但其实很复杂：首先，"客观公正"怎么定义、如何理解，有没有明确的说法？其次，这对评价者来说是一项巨大挑战，这个挑战不是来自评价者的能力不足，而是来自如何克服评价者自身的人性弱点，尤其当评价者与对方建立了私人感情时，更是如此。中国是一个人情社会，很看重人际关系的远近，这本身和绩效管理的本质是有一定的冲突的。因为绩效管理就是要去界定员工的表现，分出优、良、中、差，这个观念在西方国家是很容易做到的，因为西方国家不是人情主义浓厚的国家。员工的考核一切按考核标准来评分就好了，工作做不好就扣分。可是中国的主管，评分时内心是那么矛盾和煎熬，往往出于人情考虑给予员工较高的分数，而不管员工的真实表现如何。这也是绩效考核流于形式的重要原因之一。本书中在绩效环境分析时做了较为详细的说明，绩效环境严重影响了考核工作的效果，但是企业往往将失败的责任归于 HR 经理。

中国是人情社会，包括上下级同事之间，都是熟人，熟人自然是有话好说，可一旦遇到对方绩效不好的情形时，就难以启齿。"诸葛亮挥泪斩马谡"，自己不亲身经历过，就不知道其中之痛，所以真正能做到这一点并不多见。作为 HR 职业经理人，在我们的职业人生中，必将经历解雇员工或被公司解雇，这种感受是难以忘记的，但这是一个职业经理人的成长必修课。

（二）知人者智，自知者明，从"心"出发

一些 HR 动不动就说，所有经理和领导都应该掌握这一套"绩效面谈"技巧，但自己有没有掌握，却无从知晓。

绩效面谈为什么谈不下去，除了培训以外，是不是还有做得不到位的地方？我们的培训课程真的对直线部门的管理者有帮助吗？还是只开会简单地做了工作要求而已。站在同理心的角度，HR 要深入思考：如果是我，在绩效面谈时会遇到哪些困难，我需要什么样的实际支持？所以，HR 要学会换位思考，才不会出现销售部派人接管 HR 部门的事了。

最重要的是，任何事情，首先自己做到，否则缺乏说服力。虽然有医生不自治的说法，但是我们很难想象，一脸粉刺的人向别人推荐护肤用品，自己体重 300 斤去推销减肥产品，或者从来没有住过五星酒店的人声称一定要开家五星级酒店。

绩效面谈之所以谈不下去，更多的时候，很多人不是不明白这些大道理，而是不能改变自己的认知习惯。如果我们总是看到别人的不是，总认为是公司的问题，把自己的原因撇的一干二净，那就根本做不好这件事。每个人看别人的问题往往很准，看清自己的问题总是很难。

做 HR 的，必须不断修炼自己、提升自己，我们面对的，不仅是那些人，更是自己的内心，所以要从改善绩效的目的出发，坚持做正确的事。

什么是正确的事？不是由于别人的反对或不理解我们就不去做，而是由于事情的完成对于企业和员工都是有好处的。不忘初衷，就像绩效面谈一样，这件事必须要做，只是路径、方法和技巧可以有很多种选择而已。在要求别人做到的同时，首先得自己做到。HR 部门应以身作则，起到模范带头作用，要率先在本部门进行绩效面谈，并总结经验向相关部门的管理者传递经验，总结教训。进一步推动各部门的绩效面谈工作。

（三）绩效沟通，重在平时

管理者如果想通过 1～2 次绩效面谈让对方在行为和绩效上有明显的提升，那只能是一厢情愿，也是不现实的，除非面谈对象本身素质很高，悟性很高，一经点拨便能够实现质的飞跃。可这样的情形并不多见，组织中多数人都是平凡的人，让一群平凡的人做出不平凡的事业，这才是组织的目的。管理者要为员工建议或制定提升个人绩效的方法和路径，并监督员工每一天的改变和进步，如果你奢望给员工开个会，员工就改变了，那么企业就不用聘请那么多的管理人员了！

笔者认为，绩效面谈应该是自然而然要做的事，是管理人员的日常工作而已。平时管理人员就应该做好准备工作，笔者认为可以将平时和员工的工作交谈，视为对员工的绩效面谈，员工也许更容易接受，更不会反感。

自然而然就是不要在面谈时让员工感到"意外"，意外就意味着平时缺乏和员工的沟通，管理工作没有做到位。平时的沟通工作，包括平时的工作记录、平时和员工的交流和即时反馈，要告诉员工哪里做得好，哪里做得不好，哪里能够提升，哪里需要改正，作为负责任的管理者，都应该说清楚，花时间和耐心跟属下沟通，而不是等到最后才想起这档事。那时的"绩效面谈"可真的难以说清楚了，除非你有详尽的记录，可即便那样，却总给人以"秋后算账、不怀好意"的印象。但是，往往残酷的现实是管理者日常事务繁重，且工作水平有限，没有策划专门的时间和员工进行工作沟通、交流，才导致上述情况出现。以笔者的经验，如果你的团队在 10 人以内，每周你需要花 4 小时和他们进行工作沟通、面谈，每人计划面谈 20 分钟，这个计划应该写在你的周计划里，比如结束每周一的部门例会时，马上进行员工单独面谈，你的手上应该准备一个面谈计划表，这时所有事情都要放在一边，不能受到其他事情的干扰。如果你能够坚持这样做，你的团队一定会有很大的进步。我们希望管理者更关注同员工制订工作计划时的面谈，还有计划执行过程中的面谈，这才是绩效面谈的关键。

管理好的工厂，就是没有任何意外发生。绩效好的公司，也不会让员工不感到意外。平时做得好与不好，员工自己都明白，当一切都能摆在桌面上来谈，就变得简单多了。

所以，绩效考评结束后的绩效面谈实在是不得已而为之的下下之策，不论你如何去面谈，多少都有秋后算账的味道。

二、员工绩效面谈的步骤及实操案例

（一）步骤一：事先通知员工

要点：提前 1 周通知员工，用邮件或电话方式。内容包括时间、目的、地点、员工配合提交的资料。比如：员工的工作计划，工作日志、日常工作记录等资料。同时，管理人员也要准备好资料，比如：员工的行为记录表、考核表、员工奖惩记录表、客户投诉邮件、客户表扬信等。

（二）步骤二：准备好开场白

要点：严肃地说明本次绩效面谈的目的。

实例：小张，你好，根据公司的绩效管理办法，充分了解你上期工作成果的基础上，对你在考核期的工作表现已经做出了评分，为了达成双方共识，我希望通过本次面谈将达到两个目的：一是与你沟通上期考核得分，听

听你的想法和建议；二是针对你上一期的工作表现，我想和你共同寻找绩效改进的计划和步骤，争取一个更好的绩效成绩，让我们开始吧。

　　管理者如果不能组织一个专业的绩效面谈开场白，可能会在随后的交流中产生各种误解和争议。这种开场虽然是一个套话形式，但是非常有效，就如同法官在法院开庭时先说的那段话一样，虽然是套话，确是很重要的话。

　　反面例子，比如："小张，过来一下，放下手里的工作，我们聊聊上期你的工作表现，你先说说吧"，这种开场白有待改善，会给下属"非正式、不严肃"的感觉。对于 HR 来说，凡事预则立，这个道理应该明白。

　　（三）步骤三：倾听员工自我评估

　　要点：首先，区分员工类型：优秀型、赖皮型、迷茫型。

　　1. 优秀型员工的特点

　　他们平时成绩都是很好，自我评估总的来说是正面的，积极的，但需要注意两个潜在问题点：

　　（1）过高的期望，因为下属业绩良好，下属往往会有过高的期望，如物质奖励与晋升等，如果上司面谈中随意许诺又不能实现，会造成负面影响。

　　（2）该类型下属业绩好，会忽视绩效改进计划，有可能对上司的一些建议没有听进去。这类员工在给予正面鼓励时，也要指出一定的不足之处，提出更高的绩效要求，让他看到差距，不能让他产生骄傲自满的感觉。

　　2. 赖皮型员工的特点

　　这类员工很麻烦，大部分与主管面谈时候因争执产生激烈冲突导致面谈失败的都是这类员工，这类员工自我评估有三个特点：

　　（1）善于比较，总是与他人比，认为自己绩效表现并不差，是主管偏心，不是自己不努力。（管理人员必须引导他与自己比，与自己过去的绩效成绩比，是否有进步和提升，不要每天盯着同事）。

　　（2）如果主管只是评价他的工作努力程度或工作时间付出，比如每天忙忙碌碌，在本厂工作了近 10 年了，曾经有过贡献，他会很开心。但是，他不期望主管评价他的实际成果，因为他并没有良好的工作产出，可能是只会做表面文章的一类人。

（3）针对主管提出改善工作绩效的要求，经常会推三阻四，摆出无数个工作困难。或者，怪罪于个人的外部原因造成业绩低下，全部是说成是他人的问题，根本不会对主管进行工作改善的承诺，面谈时只字不提自己的工作改善点。他的内心是不愿意改变的。笔者建议，对于这类员工要恩威并施，告诉他如果不改变、不配合工作的结果是什么，并在必要时采取行动。实际的经验告诉我们，最有效管理无赖员工的方法绝不是温和地面谈，而是刺激他进步或立即解雇他！

3. 迷茫型员工的特点

这类员工自我评估时总体来所话不多，工作能力也一般，通常主管提出的问题或建议，他都会欣然接受，几乎不会提出自己的想法。迷茫型员工大多是因为没有工作思路，对自己工作绩效要求也不高，内心随遇而安。我们可以节省讲话时间，直接切入话题重点，给予他明确的工作改善重点指示或方向性指导，并让他做出具体的工作改善计划，但一定要他在结束会谈之前口头或书面重复一次你的重点和具体做法，以确认双方的理解是一致的。最好是让他做好面谈重点问题的记录，并在面谈后 3 日内做出具体的改善行动计划，做出改善承诺。笔者认为，绩效面谈只是绩效工作中的一个环节，最重要的是面谈结束后，管理人员后续做了哪些跟进。细节是魔鬼，工作重要落实到位，员工自然就有会有好的绩效。

我们可以通过员工自我评估，区分出员工特质，展开不同的绩效面谈策略。

（四）步骤四：向下属告知评估结果，针对问题点（或优秀点）诚恳、坦白、不回避地告诉员工，您真实的"看法"和"想法"

面谈要点：谈话模式要简明扼要，直接切入绩效主题。反馈员工前期的绩效成绩时，用词要准确，比如：上个月，你共计迟到了 3 次或你上个月招聘了 50 名流水线员工等；描述员工的行为表现要清晰，比如：上个月你一共义务加班了 8 个晚上，每天晚上加班到 21 点，总之，不要模糊陈述，并对他的成绩进行定性和定量的综合评价。就事论事，不要过多地向员工进行解释和说明，而要利用设定的目标和绩效标准评价员工上一期的绩效成绩。

例如：小张，对于你刚才的自我评估，许多方面我表示认同。综观你上期的工作表现，回顾一下我们当初设定的目标：关键员工招聘完成率，人事行政制度查检达成次数你圆满完成了，其中，上个月一共招聘了10名技术人员，超额完成了招聘任务。上个月在人事行政部的例行检查工作中，你一共检查了4次，处罚了20名违纪的员工，并对他们进行了面对面的教育，很好地完成了工作任务。但是，其中一个未完成的绩效目标我需要和你沟通一下：我们原定的上个月完成内部流程优化工作，但你并没有及时完成，我想原因是多方面的，我想听听你的想法？我们一定要想办法解决，请你谈谈针对内部流程优化工作没有及时完成的原因，计划如何解决？我现在想听听你的想法和建议，谢谢。

（五）步骤五：讨论下属对于绩效成绩中不认可的事项

要点：工作中有争议是正常的，有争议时候注意以下几点：

（1）首先从看法相同之处（分歧点不大的地方）开始讨论问题，站在员工的立场上去看问题，形成同理心，因为只有形成同理心、同频道才能实现有效的沟通。

（2）不要与下属辩论，应该抛出一些事实和依据来说明你的看法。比如：员工没有完成上个月的招聘任务，员工肯定有许多的理由。你可以这样和员工谈：你上个月的招聘任务没有完成，我知道有许多的原因和困难。但是，在整个招聘期间你并没有针对这个问题来与我沟通，寻求我的帮助，也没有找我来分析招聘目标是否要调整或需要开拓新的招聘渠道和资源，所以说这个评估结果是没有理由现在来进行解释的，你觉得呢？

（3）避免用极端化的字眼以免火上浇油，如你总是，你从来，你经常，你很懒，你很笨，你是猪，你遗传……伤人自尊的词语，身为领导，必须就事论事，最好的绩效沟通方式是：对事要冷酷（因为要求绩效提升，没有绩效公司会倒闭），但也别忘了对人要温暖、给予部属支持，这也是领导该扮演的角色。

（六）步骤六：商讨绩效改进/发展计划

要点：具体明确员工改善绩效的步骤及完成之时间，以及改进工作的承诺，全部要书面记录下来，表示双方之重视。

记录方式：如果员工上个月绩效成绩不佳，我们要分析清楚原因，针对被扣分项目和当事员工确认能否改善和提升，如果员工表示可以提升工作水平，那么重点就是绩效改进计划，改进计划一定要明确时间安排。如果员工绩效成绩很好的话，面谈记录重点为发展计划，为员工设计更高的要求和工作目标，鼓励他进行自我挑战。

（七）步骤七：必要时，可以适度提醒员工，如他不信守改进承诺，你可以采取行动

要点：针对赖皮型和迷茫型的员工，如果没有完成新的目标或工作任务，主管应该告知他后果是什么？给他们一些提醒和警告，让他们知道公司做绩效面谈是认真的，绩效承诺是必须要履行的，没有人和他们浪费时间做绩效面谈。

例如：上一期的招聘任务你没有完成，期望这个月再接再厉按时完成，有任何问题，请立刻与我沟通，如果这次还是没有完成的话，那么在我们评估本期的员工绩效时，你的评级结果和人事考评纪录一定会受到影响的。总之，我们很严肃地告之他利害关系。

（八）步骤八：共同决定下次再沟通的时间及内容

要点：及时跟进，不要等到考核周期结束时再跟进，中间也应跟进。

例如：针对"员工招聘任务完成率"，我会安排考核期内每周跟进一次，要求负责招聘的同事每周一将上周的招聘任务完成情况及本周的招聘工作计划进行面对面的汇报，如果上一期没有完成，一定要有书面的原因分析和本期的关键对策。每周的沟通过程很关键，重要的是及时发现绩效达成过程中的问题，并和员工一起寻求解决方案，监督员工执行。此点很适合用OKR工作法去推进工作。

（九）步骤九：再次肯定员工的贡献，以正面之动机，重申你对他改进之信心

例如：小张，你好！总的来说，我认为你的表现已经有了一定的进步，但是由于你做事情拖拉和缺少时间观念，限制了你往更高方向发展，这是非常可惜的。但是，我相信通过这次面谈我们也达成了共识，我也看到了你内心渴望进步的想法，我相信你下一次一定会做得更好。我也愿意给你更多的

帮助，你有信心么？加油！

三、总结

通常我们使用"汉堡原理"和"BEST反馈"进行建设性反馈时，既可以使员工乐于接受，又不会伤及员工的自尊。作为"绩效管理人中"，这些都是必须掌握的管理技能。

（一）汉堡原理法

（1）先对特定的成就给予表扬和真心地肯定。

（2）然后将需要批评和改进的地方提出来。

（3）最后以肯定和支持的方式结束。

当管理者要批评员工时，千万不要以"你这个人不行"作为开场白，应当首先肯定员工的成就。因为一个人即使错误再多，也不会是十恶不赦的。就像汉堡，最上层的面包就如同好消息，要先对员工进行表扬，然后把不好的消息夹在中间说，最下面的面包是整个汉堡中最重要的部分，就是说要用肯定和支持的话结束。

中国有句俗话："打个巴掌，给个枣吃。"使用这种方法，先给个枣吃，再打一巴掌，最后再给个枣吃。这样员工的感觉会很好。在工作中，员工就跟客户一样，所以管理者和员工讲话时一定要有自己的技巧。

（二）BEST 反馈法

B：（Behavior description）描述行为，即先表述干什么事。

E：（Express consequence）表达后果，就是干这件事的后果是什么。

S：（Solicit input）征求意见，你觉得应该怎么改进？

T：（Talk about positive outcomes）着眼未来，和汉堡最底层的面包一个含义，即以肯定和支持结束。当员工提出改进方案时，管理者应该予以鼓励。没有比失败更可怕的东西了，无论员工犯了什么错误，千万别说"你不行了""你输了""你完了""你这辈子就这样了"等词汇，不要让员工有已经被放弃的感觉，否则会严重挫伤员工的工作积极性。

（三）确定最恰当的时间

"经理，我还要与一个重要的客户见面，您看能不能谈得稍微快点。"

很多主管在进行面谈时，常常会遇到类似的情景，为什么会这样呢？主要是因为考核面谈的时间确定的不恰当，管理者总是一厢情愿地根据自己的情况来确定时间，从不考虑员工的情况。但是面谈是个双向沟通的过程，应找个双方都比较方便的时间来进行。

（1）选择管理者和员工都空闲的时间。如果在面谈时间又安排了其他事情，在面谈时就很难集中注意力。

（2）尽量不要选择接近下班的时间。因为在此段时间，员工通常归心似箭。

（3）管理者应选一个自己可以全身心投入面谈中的时间段。

（4）由管理者提出的时间要征得员工的同意。这样做一方面能使员工感到被尊重，另一方面可以确认员工在这个时间段是否有其他安排。

（5）计划好面谈将要花费多长时间，这样有利于安排好手头的工作，给绩效面谈留下足够的时间，也可以对绩效面谈时间有个总体的把握。

（四）选定和布置面谈的场所

为了更有效地进行面谈，你就必须要选择一个最佳的场所。最理想的面谈地点是在中立性的地方，是指远离你办公室的中性地带，特别要远离你的电话。还有一点需要提醒你：办公室的门要关好，不要让别人看到里面正在进行的面谈过程。

要进行有效的面谈，仅仅选择最佳的场所还远远不够。场所的布置，仅桌椅的摆放，都会对下属的心理产生不容忽视的影响。距离太远，沟通双方无法清晰地获得信息；距离太近，又会使对方感到私人的领域受到侵犯，造成一种压抑感。

（五）提前将面谈事宜通知员工

管理者应至少提前一周亲自通知员工面谈的时间、地点、目的等，使其有时间对自己的工作进行审查，分析自己工作中存在的问题，而不是通过秘书的一纸通知。

（六）计划好采用的方式

（1）先谈员工的优点，再谈工作中需要改进的地方。

（2）直接从表格入手，每次只讨论一项，没有获得同意以前不进行下一项。

第七章　总结篇

一、任何管理技术都要为企业创造价值

所有的企业最终都要靠为股东创造价值而生存，当我们提供给股东的收益超过了所有开销时，简单地说就是股东投资企业的收益超过了将钱存在银行里的利息，这种投资才有意义，否则就应该关闭工厂。不营利的公司实际上是在浪费股东的钱，股东实际上完全可以将资金投资在其他地方。因此，绩效管理体系要紧紧抓住为企业创造价值的根本目标，绝不是为了完成一次任务，成为 HR 部门的走秀场。

二、绩效管理不仅仅是监控工具

绩效管理应成为一种让员工更为积极、向上的力量，用来帮助员工不断进步，而非只是进行工作监控的工具，如果我们将员工的收入与具体的考评数据结合太紧可能会带来许多恶果。如果考评只是一种领导工具，而是为员工划分等级而生的管理工具，那么它会更受到员工的欢迎。但实际情况是，绩效管理长期以来一直被视为一种监控工具。

三、不要期待完美

我们在企业实施绩效管理时，常常会走入一个误区，那就是尽量去量化员工的工作表现，绩效评价方式越先进、越精确，就越好，评估手段也越复杂越好。但是我们往往忘记了初衷，请问这个考评项目的设置是正确的么？有必要进行考评么？我们需要寻找正确的考评，而不是精确的考评。如同一个人开车出行，如果路线错误了，他的车技再好也只是离目标地点越来越远。

管理上没有完美的方案，只有永恒的追问！向在路上的朋友们，致敬！

附录 企业绩效管理工具与案例

一、某企业总经理 KPI 范例

附表1 总经理 KPI

考评内容	指标类型	具体指标	分值	考核者	依据来源
董事会满意度（10%）	素质能力指标	董事会决议的执行效果	10		全体董事
		综合能力			
		战略规划能力			财务总监
实际业绩（80%）	财务指标（60）	公司经营利润（与本年度计划比较）	45	全体董事	
		公司销售额	15		
	管理指标（20）	公司发展规划及年度经营计划的制订和执行的合理性、及时性	5		全体董事
		对各职能部门的督导（计划的执行，人员的配备）	5		
		各级部门间的协作	5		
		制度建设和落实情况	5		
其他（10%）	岗位职责指标	发现、培养下属能力	5		
		各高管的重大成绩失误	5		

二、某生产企业管理人员KPI

附表2　生产车间管理人员KPI

级别序号	适用职务	基本工资·标准	效率：车间总产值·职务	·奖金	·指标	·积分	·标准	车间人均产值·职务	·奖金	·指标	·积分	·标准	品质：一次性合格率·职务	·奖金	·指标	·积分	·标准	成本：生产异常·职务	·金额	·比例	·标准	物耗·职务	·金额	·比例	·标准
1		1490																							
2		1560	主管	1000	每增加10万元或减少10万元	±50	常规铝箱240万	主管	1000	每增加或减少0.25万元	±50	常规铝箱4.4万	主管	800	每提升或下降	±160	铝箱类90%	主管	700	20%	异常费用为0元（含品验货反工产生人、物料用费、车间出现品质异常）（成常）	主管	600	20%	生产损坏超出，产生所有费用的50%
3	拉长	1630	拉长	900		±50		拉长	900		±50		拉长	800		±160		拉长	500	15%		拉长	400	15%	
4		1700	主管	1000	每增加7万元或减少7万元	±50	透明化妆箱140万	主管	1000	每增加或减少0.2万元	±50	透明化妆4万	主管	800		±160	楼糊类								
5		1770	拉长	900		±50		拉长	900		±50		拉长	800		±160									

三、某公司人力资源及行政部 KPI 范例

- ■ 公司制度体系的修订、完善与执行，员工激励，及时奖惩；
- ■ 行政人力资源部常规及日常工作完成质量，及时性及有效性；
- ■ 工作热情，耐心、配合度及执行力；
- ■ 行政、人事事务服务态度及质量（投诉≤5 次/月）
- ■ 岗位职责覆盖率100%
- ■ 招聘到岗及时率：≥90%
- ■ 员工流失率≤6%
- ■ 培训计划执行率：100%
- ■ 培训合格率：≥95%
- ■ 劳资纠纷次数：≤2 次/年
- ■ 员工满意度：≥80%
- ■ 劳动合同签订率：100%
- ■ 人事资料、记录、档案完整性：100%
- ■ 公司防火、防盗：0 次/年
- ■ 文体娱乐及相关活动开展次数：每年不低于 12 次

附图1　人力资源及行政部 KPI 设计

四、某企业电商团队绩效考核表

附表3　电商主管绩效考核表

序号	考核项目	指标定义和说明	评估方式	数据来源部门	评估人	得分	备注
1	工作结果部分 工作任务（30%）	①部门销售目标完成率（20%）②根据本店年度销售目标，分解为月度工作目标；并按时保质提交团队成员的月度和每周工作计划	①计算公式：实际完成销售额÷计划完成销售额×100%，考核标准为100%，满分20分。每低于1%，扣除该项1分	业务部门			电商主管要列出每项工作的细节内容，才可以进行检查与评估

续表

序号	考核项目	指标定义和说明	评估方式	数据来源部门	评估人	得分	备注
1	工作结果部分	工作任务（30%）	③指导美工、客服、仓管的具体工作和行为，减少工作失误	②月计划与周计划按时提交情况，每月30日前提交下月工作计划；每周五提交下周工作计划，迟交一次扣1分；团队小组每周例会的记录，可以邮件留存备查，少开一次部门例会扣1分；工作日志，每周提交一次给上级审阅，少做一次扣1分	业务部门			电商主管要列出每项工作的细节内容，才可以进行检查与评估
		工作品质（20%）	①工作失误：（失误一次，视情节轻重扣1~5分） A. 广告用词不当，导致投诉 B. 店铺违规扣分或被处罚 C. 买家投诉到天猫小二介入 ②工作计划和报告的品质：应明确工作重点和具体行动计划，对每一步工作有细节指引或工作要求，未达到要求每次扣1分；	A. 广告用词不当，导致投诉，5分（承担美工的工作失误） B. 店铺违规扣分或被处罚10分（主管的工作失误） C. 买家投诉到天猫小二介入扣1分（承担客服的工作失误） D. 没有按时提交工作计划扣4分	业务部门/总经办			

序号	考核项目	指标定义和说明	评估方式	数据来源部门	评估人	得分	备注
2	工作行为部分	执行力（20%）	①不服从上级管理者，一次扣2分 ②无正当理由不参加公司或部门会议者，一次扣2分 ③无正当理由参加会议迟到者，一次扣1分 ④因个人原因而影响整个团队工作的情况出现一次，扣除该项2分 ⑤不遵守公司制度者一次扣2分，例如：迟到或早退 ⑥不响应上级号召者，酌情评分 ⑦每月因私人原因请假超过2次，合计天数超过3天的情况，扣2分		业务部/人事部			
		团队管理能力（20%）	①分析团队成员的差异，帮他们树立工作目标 ②制定电商团队内部规章制度，营造积极向上的工作氛围 ③强化团队的沟通与协作 ④分析团队成员的不	①内部规章制度的建立和执行；未完成扣2分 ②团队成员的每周五面谈计划与记录；未完成扣2分 ③团队户外活动的开展计划与执行情况，每月一次；未完成扣2分	业务部门			

序号	考核项目	指标定义和说明	评估方式	数据来源部门	评估人	得分	备注
2	工作行为部分	团队管理能力（20%）	同心态，组织开展一些团队活动 ⑤团队学习：定期内部组织学习活动，比如业务知识分享、人生感悟分享、个人能力提升分享等各类活动				
		学习与成长（10%）	①参加企业内部和外部培训的课程，无故不参加每次扣3分 ②外部培训须以PPT文件分享培训心得，5天内不分享扣5分	①培训记录 ②培训心得分享	人事部		
		特别贡献加分	①对公司提出书面方案或口头建议，并经采纳且有效应用（加5~10分） ②对公司制度建设提出书面建议和方案（加1~10分） ③培训新同事提高专业技能，通过公司的试用期考核（加5分） ④培养同事具有代理本人工作的能力；（加5分） ⑤因人员短缺或能力不足时，主动承担	①总经办的工作记录 ②业务经理的工作记录 ③人事顾问的工作记录 ④每月的加班加点记录 ⑤内部员工的顶岗记录 ⑥员工内部培训记录	总经办业务部人事部		

序号	考核项目	指标定义和说明	评估方式	数据来源部门	评估人	得分	备注
2	工作行为部分	特别贡献加分	领导安排协助同事的工作内容（加5分）⑥为了完成领导布置任务加班加点，不计个人得失（加5分）⑦培训课程的心得分享，每次加2分；并应用于工作中（加10分）⑧学习并成为企业内训师，设计专业学习课程，每次授课奖励200元/次（每次标准课时：2小时）					

附表4　美工绩效考核

序号	考核项目	指标定义和说明	评估方式	数据来源部门	评估人	得分	备注
1	工作结果部分	工作任务（20%）	①品牌视觉负责人②配合运营按时完成电商页面设计（首页、详情页、主图、海报等）③配合完成实体店POP、画册、标签等④每周按时提交工作计划和工作总结；主动发现并及时汇报工作异常情况	①设计项目，首先应自己检查与优化品质，如果被公司主管或经理检查到有失误扣除1分/次，被外部人员（买家）检查到产生不良影响扣除5分/次②未按时按质完成工作扣除5分	业务部门			电商主管要列出每项工作的细节内容，才可以进行检查与评估

续表

序号	考核项目	指标定义和说明	评估方式	数据来源部门	评估人	得分	备注
1	工作结果部分	工作品质（40%）	1. 按质完成工作任务 A. 店铺跳失率 B. 详情页面平均停留时间 C. 点击率：主图 2. 广告用语/字体违规 3. 工作计划和报告的品质：应明确工作重点和具体行动计划，对每一步工作有细节指引或工作要求	①店铺跳失率提升10%以上扣除1分反之加1分（以月为周期为准） ②详情页面平均停留时间减少5秒以上扣除1分；反之加1分（以月为周期为准） ③主图点击率低于行业平均值扣2分，高于行业平均值的1.5倍加5分 ④广告用语/字体违规导致被投诉扣5分/次 ⑤工作计划和报告的品质未达到要求扣1分/次	业务部门/总经办			
2	工作行为部分	执行力（30%）	①不服从上级管理者，一次扣2分 ②无正当理由不参加公司或部门会议者，一次扣2分 ③无正当理由参加会议迟到者，一次扣1分 ④因个人原因而影响整个团队工作的情况出现一次，扣除该项2分 ⑤不遵守公司制度者一次扣2分，例如：迟到或早退 ⑥不响应上级号召，酌情评分 ⑦每月因私人原因请假超过2次，合计天数超过3天的情况，扣2分	业务部/人事部			

续表

序号	考核项目	指标定义和说明	评估方式	数据来源部门	评估人	得分	备注
2	工作行为部分	学习与成长（10%）	①参加企业内部和外部培训的课程，无故不参加每次扣3分 ②外部培训须以PPT文件分享培训心得，5天内不分享扣5分	①培训记录 ②培训心得报告(PPT)	人事部			
		特别贡献加分	①对公司提出书面方案或口头建议，并经采纳且有效应用（加5~10分） ②对公司制度建设提出书面建议和方案（加1~10分） ③培训新同事提高专业技能，通过公司的试用期考核（加5分） ④培养同事具有代理本人工作的能力（加5分） ⑤因人员短缺或能力不足时，主动承担/领导安排协助同事的工作内容（加5分） ⑥为了完成领导布置任务加班加点，不计个人得失（加5分） ⑦培训课程的心得分享，每次加2分；并应用于工作中（加10分） ⑧学习并成为企业内训师，设计专业学习课程，每次授课奖励200元/次（每次标准课时：2小时）	①总经办的工作记录 ②业务经理的工作记录 ③人事顾问的工作记录 ④每月的加班加点记录 ⑤内部员工的顶岗记录 ⑥员工内部培训记录	总经办业务部人事部			

五、某企业绩效考核方案

供应链中心绩效考核方案

一、目的：公司倡导结果导向，但只有好的过程，才会有好的结果。为加强过程管控，在工作过程中及时发现、解决问题，将各项工作落实、监督、执行到位，追求更好的结果，特制订该考核方案。

二、适用范围：产品供应链中心。

三、总体方案：

3.1 考核周期：采用日记录、月度考核；

3.2 考核指标：业绩指标（70%）、日常工作（20%）、专业培训（5%）、人员流失率（车间/部门负责人）（5%）、上级领导评价（专员级别）（5%），业绩指标以承接公司（部门）指标为前提，是总体业绩的评价；日常工作以按预定流程、规范作业，是规范化作业的评价；

3.3 考核数据来源：业绩指标目标值达成情况得分、体系稽核部日常预定流程扣分，人资行政条款扣分；

3.4 个人得分主要由两部分组成：绩效考核得分（业绩指标得分、日常工作得分）、人资行政条款扣分，绩效考核得分主要由业绩指标得分和日常工作得分组成，共计100分，行政人资条款扣分是在绩效考核得分的基础上进行扣分的，因此，个人最终得分＝绩效考核得分－人资行政条款扣分；

3.5 职员工资与工作结果挂钩，也与工作过程挂钩，公司所有制度、流程、控制卡的执行，一律按公司规定及相关要求实施扣分，并最终与工资（绩效奖金）挂钩；从三月份开始执行；

3.6 考核结果应用：考核采用百分制，不同的分数对应不同的绩效系数，如附表5：

附表5　考核结果应用

KPI考核分	绩效系数 & 绩效等级	当月浮动奖金计算
90分以上	1.2（A级）—优秀	1.2×月奖金基数
80~89分	1.0（B级）—正常	1.0×月奖金基数
70~79分	0.8（C级）—中等	0.8×月奖金基数
60~69分	0.6（D级）—较差	0.6×月奖金基数
60分以下	0（E级）—差	0

针对考核结果不理想的采用综合评鉴淘汰制：

a. 当月评鉴为E级，部门主管、人事绩效主管要进行业绩面谈，如无特殊原因，人事部进行劝退；

b. 当月评鉴为D级，部门主管、人事绩效主管要进行业绩面谈，分析业绩不理想的原因，当事人提交提升业绩的书面方案，经审核通过，留用察看一个月；

c. 连续两个月评鉴在D级及以下，人事部进行劝退，一年内累积三次评鉴在D级及以下，人事部进行劝退；

d. 部门负责人的考核要承接部门总体绩效、下属员工业绩、下属员工业绩提升、团队稳定性等项；

3.7. 业绩指标考核：按公司现有KPI考核方案考核，具体各岗位KPI考核项目及指标由公司、部门、个人商定。每月考核结果统一汇总到绩效主管处；

3.8. 对于日常工作中下属违反流程被扣分，直接上级需承担50%的责任，体现在上级领导的日常工作的扣分项中；

3.9. 工作过程考核中非下属原因造成异常的，由于上级领导没有安排的情况，下属不予以扣分，而直接扣上级领导绩效分数，例如：专业培训指标：该员工当月未参加培训，原因是其上级领导没有安排该员工培训，该员工当月不扣分，扣其上级领导绩效分数。

四、各部门负责人要制定好各层级下属的考核方案（经理级别、主管级别、专员级别），上下级之间要对考核方案沟通确认才可实施考核，各直接上级日常工作中要做好记录，以便月度考核时考核数据有据可依、有据可查，绩效主管每月对各部门的数据进行稽核，发现数据有误的要追究部门负责人的责任。

五、试用期员工不作为考核对象，试用期满转正后纳入考核。

六、每月3日各部门负责人需开始收集汇总并审核下属员工的考核成绩，7个工作日内需将下属的考核成绩提交给体系稽核部绩效主管，延迟提交扣部门负责人1分/天。

七、对于工作中表现优秀、有突出贡献需要奖励的，不在绩效考核中进行奖励分数，但可按公司相关规定即时现金奖励。

八、对考核结果有异议的先找部门负责人反馈申诉，经确认后由部门负责人反馈给绩效主管，对稽核部绩效主管提供的日常扣分有异议的可向稽核部部长申诉反馈。

九、每月18日前绩效主管将核算汇总的各部门人员的绩效系数发给财务部核算工资前需先发给各部门负责人确认。

十、按此制度执行过程中对于各部门的考核指标值、分数及对应系数试运行1~3个月后看运行效果再进行调整，试运行期间也会按规定与各被考核人的绩效奖金挂钩。

十一、该方案自2015年3月1日开始执行。绩效方案不能解决所有的异常问题，在执行过程中遇到具体问题会不断优化完善。

六、某企业营销中心人员考核方案

附表6 营销总监绩效考核方案

考核项目		考核指标	权重	评价标准	评分
工作绩效	定量指标	部门销售目标完成率	25%	1. 计算公式：实际完成销售额÷计划完成销售额×100% 2. 考核标准为100%，满分25分。每低于1%，扣除该项1分	
		部门销售增长率	5%	与上一个月度的销售业绩相比，每增加1%，得0.5分，此项最高分5分，出现负增长，该项得0分	
		部门回款率	10%	在规定时间内回款得10分，超过规定时间得0分	
		新客户开发	10%	比上个月每增加一个成交的新客户得1分，满分10分	
	定性指标	报告提交，市场信息收集	12%	1. 在规定的时间之内将日工作报告和周工作总结交到指定处。一次不按时递交扣除该项1分 2. 报告的质量评分为6分，达到此标准者得6分，否则相应扣分 3. 每月收集有效信息不得低于15条，否则扣2分	
		执行力	15%	1. 不服从上级者一次扣2分 2. 无正当理由不参加公司或部门会议者，一次扣2分 3. 无正当理由参加会议迟到者，一次扣1分 4. 工作时间不接听工作电话者（半个小时内连续三次不接算一次）一次扣1分 5. 因个人原因而影响整个团队工作的情况出现一次，扣除该项2分 6. 不遵守公司制度者一次扣2分 7. 不响应上级号召者，酌情评分	
工作能力		部门员工专业知识（产品、市场、销售）	10%	1. 了解公司产品基本知识 2. 熟悉本行业及本公司的产品 3. 熟练掌握本岗位所具备的专业知识，但对其他相关知识了解不多 4. 熟练掌握业务知识及其他相关知识	

续表

考核项目	考核指标	权重	评价标准	评分
工作能力	沟通能力	5%	1. 能较清晰地表达自己的想法 2. 有一定的说服能力 3. 能有效地化解矛盾 4. 能灵活运用多种谈话技巧和他人进行沟通	
	责任感	5%	1. 工作马虎，不能保质保量地完成工作任务且工作态度极不认真（0分） 2. 自觉地完成工作任务，但对工作中的失误有时会推卸责任（1~3分） 3. 自觉地完成工作任务且对自己的行为负责（4分） 4. 除了做好自己的本职工作外，还主动承担公司内部额外的工作（5分）	
	部门客户满意度	3%	部门出现一次客户投诉扣1分，该项最多扣3分	
总分		绩效工资	×　　　% =　　　元	
被考核人姓名		副总签字		考核日期

附表7　区域经理绩效考核方案

考核项目		考核指标	权重	评价标准	评分
工作绩效	定性指标	销售目标完成率	25%	1. 计算公式：实际完成销售额÷计划完成销售额×100% 2. 考核标准为100%，满分25分。每低于1%，扣除该项1分	
		销售增长率	5%	与上一个月度的销售业绩相比，每增加1%，得1分，满分5分。出现负增长，该项得0分	
		准客户数	10%	每月演示的准客户一个加0.2分	
		销售回款率	5%	在规定时间内回款得5分，超过规定时间得0分	
		新客户开发	10%	比上个月每增加一个新客户得3分，满分10分	

续表

考核项目		考核指标	权重	评价标准	评分
工作绩效	定性指标	报告提交，市场信息收集	10%	1. 在规定的时间内将日工作报告和周工作总结交到指定处。一次不递交扣除该项 1 分 2. 报告的质量评分为 6 分，达到此标准者得 6 分，否则相应扣分 3. 每月收集有效信息不得低于 15 条，否则扣 2 分	
		执行力	15%	1. 不服从上级者一次扣 2 分 2. 无正当理由不参加公司或部门会议者，一次扣 2 分 3. 无正当理由参加会议迟到者，一次扣 1 分 4. 工作时间不接听工作电话者（半个小时内连续三次不接算一次）一次扣 1 分 5. 因个人原因而影响整个团队工作的情况出现一次，扣除该项 2 分 6. 不遵守公司制度者一次扣 2 分 7. 不响应上级号召者，酌情评分	
工作能力		专业知识（产品、市场、销售）	8%	1. 了解公司产品基本知识 2. 熟悉本行业及本公司的产品 3. 熟练掌握本岗位所具备的专业知识，但对其他相关知识了解不多 4. 熟练掌握业务知识及其他相关知识	
		沟通能力	5%	1. 能较清晰地表达自己的想法 2. 有一定的说服能力 3. 能有效地化解矛盾 4. 能灵活运用多种谈话技巧和他人进行沟通	
		责任感	4%	1. 工作马虎，不能保质保量地完成工作任务且工作态度极不认真（0 分） 2. 自觉地完成工作任务，但对工作中的失误有时会推卸责任（1~2 分） 3. 自觉地完成工作任务且对自己的行为负责（3 分） 4. 除了做好自己的本职工作外，还主动承担公司内部额外的工作（4 分）	
		服务意识	3%	出现一次客户投诉扣 3 分	
总分			绩效工资	×　　　% ＝　　　元	
被考核人姓名			副总签字	营销总监签字	考核日期

附表8 电商部客服绩效考核方案

考核项目		考核指标	权重	评价标准	评分
工作绩效	定量指标	销售目标完成率	30%	1. 计算公式：实际完成销售额÷计划完成销售额×100% 2. 考核标准为100%，满分30分。每低于1%，扣除该项1分	
		销售增长率	10%	与上一个月度的销售业绩相比，每增加1%，得1分，此项最高分10分，出现负增长该项得0分	
		客户满意度（服务）	15%	1. 计算公式：被回访客户的打分之和÷回访客户数×100% 2. 考核标准为100%，满分15分，每低于1%，扣除该项0.5分 3. 被投诉一次，扣除该项5分	
	定性指标	报告提交，市场信息收集	10%	1. 在规定的时间内将日工作报告和周工作总结交到指定处。1次不按时递交扣除该项1分 2. 报告的质量评分为5分，达到此标准者得5分，否则相应扣分 3. 每天收集同行产品有效信息不得低于3条，否则每次扣除该项1分	
		执行力	15%	1. 不服从上级者一次扣2分 2. 无正当理由不参加公司或部门会议者，一次扣2分 3. 无正当理由参加会议迟到者，一次扣1分 4. 因个人原因而影响整个团队工作的情况出现一次，扣除该项2分 5. 不遵守公司制度者一次扣2分 6. 不响应上级号召者，酌情评分	

考核项目	考核指标	权重	评价标准	评分
工作能力	专业知识（产品、市场、销售）	10%	1. 了解公司产品基本知识 2. 熟悉本行业及本公司的产品 3. 熟练掌握本岗位所具备的专业知识，但对其他相关知识了解不多 4. 熟练掌握业务知识及其他相关知识	
	沟通能力	5%	1. 能较清晰地表达自己的想法 2. 有一定的说服能力 3. 能有效地化解矛盾 4. 能灵活运用多种谈话技巧和他人进行沟通	
	责任感	5%	1. 工作马虎，不能保质保量地完成工作任务且工作态度极不认真（0分） 2. 自觉地完成工作任务，但对工作中的失误有时推卸责任（1~3分） 3. 自觉地完成工作任务且对自己的行为负责（4分） 4. 除了做好自己的本职工作外，还主动承担公司内部额外的工作（5分）	

总分		绩效工资		× ％ = 元	
被考核人姓名		副总签字	总监签字	经理签字	考核日期

七、某制造企业绩效管理制度

绩效管理制度

第一条 目的

为使公司对全体员工之工作成绩、业务技能、工作态度以及工作适任性等有客观评价，同时激励和指导员工不断改进工作，促进公司预期目标的有效达成；并逐步形成以绩效为中心的管理体系，最终实现永续经营的战略目标，特制定本办法。

第二条　适用范围

本办法适用于公司全体在职员工。

第三条　绩效考评原则

一、公开原则：管理者要向被管理者明确说明绩效管理的标准、程序、方法等，确保绩效考评的透明度。

二、客观性原则：绩效考评要以确立的目标为依据，对被考评人的评价应避免主观臆断。

三、开放沟通原则：在整个绩效考评过程中，目标设立、过程督导、结果考评及提出改进方向等环节均应进行充分的交流与沟通。

四、差别原则：考评结果分优、甲、乙、丙、丁五个等级，并按正态分布强制区分。各等级对应比重及等级定义如下：

等级	比例	定义
优	5%	明显超越岗位常规要求；并超过预期地达成工作目标
甲	20%	完全符合岗位常规要求；全面达成工作目标，并有所超越
乙	50%	符合岗位常规要求；保质，保量，按时完成工作目标
丙	20%	基本符合常规岗位要求，但有所不足；基本达成工作目标，有所欠缺
丁	5%	未达到岗位常规要求；离工作目标要求差距大

五、发展原则：通过绩效考评的约束与竞争促进个人与团队的不断发展。管理者与被管理者都应将绩效管理作为提高绩效的重要手段，并作为管理者的日常工作的重要内容。

第四条　考评方式

考评方式采用垂直考评、二级终考制。

即直属主管对下级初考，二级主管审核终考。具体考评层级见《绩效考评层级图》（附后），层级中有跨级直接报告关系的，跨级考评。

第五条　考评频度

组长以下员工为每月考评一次，即月考评。但该月请假天数 15 天以上的，不参与该月考评。

组长（含）以上员工为每季考评一次，即季考评。但该季度请假天数 45 天以上的，不参与该季考评。

第六条　考评表分类

员工绩效考评表分三类（考评表附后）

一、组长以下员工考评表；

二、专员、高专幕僚考评表；

三、组长（含）以上主管考评表。

组长以下员工考评表不含关键绩效指标，只对一般绩效指标设定相应权重进行考评。

组长（含）以上幕僚及主管考评表含关键绩效指标和一般绩效指标，并设立相应的考评权重。

第七条　考评流程

一、共同设立考评关键绩效指标

关键绩效指标由各级目标分解与被考评者的工作职责相结合产生，同时确定各项工作目标的工作产出、预计完成期限以及绩效衡量标准，并与被考评者进行沟通后，呈二级主管核准。如在实施过程中，关键绩效指标发生变化，则经直属主管及二级主管同意后，作适当变更。最后的考评以变更后的绩效目标为考评依据。

考评目标确立后（季考核），考核表一式二份，考评者与被考评者各持一份。

二、实施与督导

实施过程中，主管应对下属工作进度与工作品质加以督导以及必要的考评数据收集。

三、结果考评

1. 考评原则

考评者必须以对工作负责、对公司负责和对员工负责的态度进行考评，并以客观事实为依据。

考评针对的是被考评者的工作绩效表现。

对下属的考评应以发展和提高下级的工作绩效和工作能力为目标。

考评过程双方应进行良好的沟通，考评者应让被考评者了解考评结果，被考评者了解考评结果后应在考评表上签名，以示了解。同时亦可提出自己的看法。

2. 考评结果经二级主主管核准后生效。

四、提出改进方向和设立下期考评目标

考评者对被考评者的工作绩效进行总结，并根据被考评者有待改进的地方，提出改进、提高的期望与措施。同时共同制定下期的绩效目标。下一轮绩效期开始。

第八条　时间安排

一、考评目标的确立（季考核）：每轮考评期第一个月的 10 日前完成当期绩效考评目标的确立。

二、考评时间：次月的 15 日前完成上期工作考评和考评数据的录入（HR 系统）及考评数据审核。

第九条　考评期内奖惩

考评期内受奖惩者，其当期考评成绩应依以下规则调整：

记嘉奖一次加 2 分，记小功一次加 6 分，记大功一次加 18 分。考评成绩大于 100 分的按 100 分计。

记警告一次减 2 分，记小过一次减 6 分，记大过一次减 18 分。

第十条　考评结果应用

一、当月绩效奖金调整的依据

课长以下员工考评数据由各相关单位负责导入；课长（含）以上员工考评成绩由人事部负责导入。

考评成绩与当月绩效奖金调整对应关系如下：

等级	比例	考绩	系数	单位系数价值及末位淘汰
优	5%	85以上	2	一、组长（含）以下50元；专员80元；课长、高专150元，经理（含）以上250元。
甲	20%	84～80	1	二、各单位必须对员工考绩作内部平衡，考评系数总代数和不大于零。
乙	50%	79～75	0	三、若考评结果为丁等，则：
丙	20%	74～65	-1	1. 组长（含）以下员工 第一次提出限期改进；连续二次为丁等，予以书面警告（考评人在考评表的评语中注明），连续三次考评结果为丁等，员工应自动辞职或由部门提报予以免职。
丁	5%	65以下	-2	2. 专员（含）以上员工 第一次提出限期改进；并由该部门每月对其加以督导，若连续二次考评结果为丁等，员工应自动辞职或由部门提报予以免职。 四、若员工年均考绩（上年度7月至当年度6月）为丁等，部门提报予以免职或劳动合同不再续签。

二、年度调薪的重要依据

绩效成绩与公司年度调薪幅度分配存在直接的对应关系，是年度调薪的重要参照依据。

三、绩效改进的重要依据

各级考评者各被考评者应及时针对未达到绩效标准的项目分析原因，制定相应的改进措施。考评者有责任为被考评者的绩效改进提供指导、帮助和必要的培训。

四、职业发展的依据

各级管理者应将员工历史考评结果记入员工发展档案，作为员工培训发展的依据，同时也是员工岗位轮换及其他人事异动（晋、降级等）的重要依据。

第十一条　申诉

一、考评结束后，被考评人有权了解自己的考评结果，考评人有向被考评人反馈和解释的职责。

二、被考评人如对考评结果存有异议，应首先通过沟通方式解决。沟通无法解决时，员工有权在了解考评结果后5个工作日内向上一级主管或人事部提出申诉。申诉时需提交《绩效考评申诉表》（附后）及相关说明材料。

三、上一级主管或人事部在接到员工《绩效考评申诉表》后5个工作日内，对员工作出答复。

四、若员工的申诉成立，应改正申诉者的绩效考评结果。

五、各级主管对员工申诉应持积极心态，不得对下级申诉阻挠或打击报复。否则，一经查实，依人事规章相关规定处理。

六、上一级主管会同人事部拥有最终裁定权。

第十二条　考评结果表存档

课长以下员工考评表由所在单位负责存档。

课长（含）以上员工考评表送交人事部负责存档。

第十三条　罚则

一、违反考评规则

人事部有权稽核各部门对本办法的实施与落实状况。各级考评者未能遵照本办法规定要求作业或有其他与绩效考评工作相关的违规行为的，相关责任按人事规章惩处条例处理。

二、考评不按时完成

各级考评者不按时完成考评和结果数据的录入（HR系统），影响绩效奖金核算与发放的，相关责任人按人事规章惩处条例处理。

三、考评表保管不善

员工考评表是反映员工工作结果的重要依据，各单位应切实做好考评表的存档保管工作。若因保管不善导致考评表遗失或损毁的，相关责任人按人事规章惩处条例处理。

第十四条 本办法自公布之日起施行。人事部拥有最终解释权。

注：1. 直属主管对下级初考，二级主管核准；

2. 层级中有跨级直接报告关系的，跨级考评；

3. 无二级主管的，由直属主管考评终结。

附表：

绩效考评申诉表

年 月 日

申诉人		部门		职务/岗位		直接主管	
申诉 理由							
申诉 处理 意见							

注：1. 申诉人必须在了解绩效考评结果后 5 个工作日内提出，否则无效。

2. 申诉人直接该表交直接主管的上一级主管或人事部。

3. 上一级主管或人事部在接到申诉后的 5 个工作日内提出处理意见和处理结果。

八、某制造企业绩效考核制度

绩效考核制度

1. 目的

为提高公司的经营业绩，实现公司战略目标，提高绩效考核水平，体现奖勤罚懒原则。

2. 适用范围

适用于公司所有计时人员。

3. 定义

绩效考核：包括月度绩效考核、季度年度考核和年度绩效考核。

4. 职责

4.1 各级部门负责人拟定本部门人员的考核办法，并对其直接下属进行考核；

4.2 绩效考核小组负责对总裁直属部门负责人的绩效考核办法制定和考核；

4.3 绩效考核小组由总裁任组长，由总裁助理任常务副组长并领导绩效考核工作，由人力资源部人事经理任副组长并负责考核具体工作，由各部门负责绩效考核数据输出的指定人员任组员。总裁负责绩效考核投诉处理。

5. 原则

5.1 关键业绩指标的设定原则是，考核指标分解公司战略，指标以定量为主、定性为辅，考核方法尽量简化、易于操作。考核指标及标准实行动态管理，绩效考核小组或部门负责人可根据部门的工作重点，对绩效考核内容进行适时调整。

5.2 部门负责人可根据本部门的实际情况及下属的工作表现在绩效考核时给予奖励加分或扣分，但不能超过该考核项目的总分（业务部门：销售总额、利润率考核项除外）。

5.3 新进人员在试用期内参与绩效考核，并与绩效考核挂钩。

6. 管理规定

6.1 部门负责人及以上人员绩效考核方案，由上一级负责人制定，交总裁审批后实施；部门内绩效考核方案由部门负责人制订，逐级审核、经总裁审批实施；审批后的绩效考核方案，由文控中心备案发放。

6.2 负责 KPI 指标值输出部门，应在次月 11 号前将相关指标实现值提交人力资源部。

6.3 客户满意度调查

6.3.1 总裁直属部门负责人在每月底需对其他直属部门进行满意度评分，评分表由考核小组发放至直属部门负责人，评价时需填写《客户满意度调查表》，在次月 8 日前（节假日顺延）将该表与考核结果交人力资源部。

6.3.2 每月底由人力资源部组织进行内外部客户满意度调查，依据调查结果对相关部门进行绩效评分，同时将调查中反应的问题及时反馈给相关部门。

6.3.3 满意度调查表中有提出不满意工作项的，相关部门负责人需列入下月工作计划内改善，人力资源部监督、追踪其改善情况并再评分。

6.4 各部门对相关绩效考核数据输出部门或《满意度调查》打分部门，输出的数据或打分存在异议，可以《内部联络单》形式向绩效考核小组提出申诉，并附有力证据，每月申诉结束日期为 12 日下班前。

6.5 被考核人工作岗位调动，且调动前和调动后不属同一部门的，以调动当月工作时间相对较长的部门的绩效考核评分为准。部门负责人因辞职或调动，暂无继任者或代理人的，所管辖部门人员的考核计为满分或由该部门的上一级负责人根据员工的表现进行评分。

6.6 每月 10 日前，各级负责人需完成对直接下属上月的考评，并经逐级签名后，将考评结果提交人力资源部。每月 12 日前，人力资源部依据各部门返回的考核资料，汇总总裁直管负责人、各部门考核结果，据此核算被考核人、被考核部门绩效工资。

6.7 绩效面谈

6.7.1 绩效面谈工作要求每季度进行一次。每季度第一个月中旬由直接上司就上季度考核结果与直接下属进行面对面的正式沟通，肯定其取得的成绩，指出工作中存在的不足，并要求在下个季度进行重点改善。面谈前直接下属应在 15 日前填写《绩效面谈表》交直接上司，面谈结束后双方在《绩效面谈表》上签名确认。绩效面谈工作要求在 20 日前完成，《绩效面谈表》交人力资源部备案。

6.7.2 绩效辅导：绩效考核是以工作结果为导向的管理活动，各级负责人在实施过程中不但要关注结果、重视过程，随时、随地进行交谈，帮助直接下属达成目标；而且在日常管理工作中还需对直接下属进行绩效辅导，提高直接下属的工作技能，促使其达成考核目标。未进行绩效辅导及有效监督，放任下属造成绩效考核长期不达标的，直接上司需承担绩效管理不力的责任。

6.8 奖罚条款

6.8.1 绩效考核结果作为调整组织目标、建立团队绩效伙伴、工作改善、招聘甄选、培训开发、职务晋升、淘汰、奖金计发、薪酬调整、考察学习、享受福利、正式录用等的主要依据，各级管理人员需在规定时间内、按规定要求完成相关工作。

6.8.2 年度内"月绩效考核得分"有 3 次低于 70 分人员，可给予调岗或解除劳动合同处理。

6.8.3 不按时完成绩效考核工作，不能准时向人力资源部提交考核资料的，每推迟一天扣其部门负责人绩效得分 1 分，推迟一周时间不能提交的，视同部门负责人自动放弃个人绩效工资，该部门负责人当月绩效考核得分为 0。

6.8.4 负责 KPI 指标输出、满意度调查打分的部门，需客观、公正、准确地提供数据和出具意见，凡敷衍了事、不负责的，被绩效考核小组查出情况属实，视情给予扣分。

6.8.5 对绩效考核工作配合较好的部门负责人，包括：按时提交资料，客观公正的对被考核或被调查部门提出改善建议并取得较好效果的，由绩效考核小组视情况加分。

6.9 绩效考核小组对当月绩效考核工作实施结果进行综合评价，以文字方式提交至总裁。绩效考核小组评价结果，将作为各级负责人年度考评重要参考依据。

7. 参考文件：《_____部门绩效考核评定办法》《劳动工资实施方案》。

8. 相关表单：《_____部门绩效考核表》《客户满意度调查表》《绩效面谈表》。

9. 培训：由人力资源部对各部门负责人进行培训，对绩效考核 KPI 指标输出责任人实施辅导，并督促各部门做好内部培训工作。

九、某制造企业管理人员权限分配表

附表9　支付核决权限

项　　目		科长或担当	部门主管/经理	执行副总	财务主管	总经理	备　　注
1. 资本支出及设备款	预算		拟	审	会	决	
	请购 5000 元（含）以内		拟	审		决	专案费用需在部门工作计划中体现并提前申请预算呈总经理批核，专案费用不得挪用或冲抵，当期有效
	请购 5000 元以上		拟	审		决	
	订购	拟	审	决			
	支付（5000 元及以内）	拟	审	决	会		特指大陆采购部分，每周采购汇报申购签核情况；每月财务应就支付审批金额汇总报告
	支付（5000 元以上）	拟	审	复审	会	决	

续表

项　目			科长或担当	部门主管/经理	执行副总	财务主管	总经理	备　注
2.直接材料	请购	计划性	拟	审	复审		决	
		批次性	拟	审	决			
	采购	新价格/新厂商/主原料价决定	拟	审	复审		决	每月采购汇总报告签核情况
		国内采购决定	拟	审	复审		决	
		付款总表	拟	审	复审	会	决	
		付款凭单	拟	审	复审		决	
3.间接性辅助材料或生产耗材	请购		拟	审	决		核备	1.系指直接材料以外的用于产品生产的辅助材料。如包材、易耗化学品等 2.每月采购汇总报告签核情况
	采购	单价签核	拟	审	复审		决	
		采购厂商决定	拟	审	复审		决	
	支付	付款总表	拟	审	复审	会	决	
		付款凭单	拟	审	复审		决	
4.其他庶务性及维修、修缮等	请购	500元以内	审	决				1.具体操作依费用管理办法执行；超出预算部分必须呈执行副总签字 2.此项系指事务性办公用品、清洁耗材及设备、工治具维修、厂房修缮 3.每月采购汇总报告签核情况
		500元（含）以上	拟	审	决			
	采购	单价签核	拟	审	决			
		采购决定	拟	审	决		核备	
	支付	付款总表	拟	审	决	会	核备	
		付款凭单	拟	审	决		核备	
5.产品关联性外包加工费用	外包	合约拟订		拟	审		决	
		单价签核	拟	审	复审		决	
		执行	审	决	核备			相关部门参议
	支付	付款总表	拟	审	复审	会	决	
		付款凭单	拟	审	复审		决	
6.预付款		预付账款/预付工程款	拟	审	复审	会	决	

项　　目			科长或担当	部门主管/经理	执行副总	财务主管	总经理	备　　注
7. 借支	员工个人及因公借支							依借款规定，每月财务汇报
8. 薪资	每月实发薪资				审	拟	决	奖金先会总经办
	年度调薪年终奖金	预算内	拟	审	会		决	
		预算外		拟	会		决	
9. 招聘费用			审	复审	决			专案费用（如会员/人才网站等）需经总经理审批
10. 水电/电话费用			审	复审	决			财务会议提交异常分析报告
11. 职工培训费用	2000元（含）以内		拟	审	决			
	2000元以上			拟	审		决	
12. 差旅费用	500元（含）以内		审	决				1. 总额须受预算控制 2. 财务部须每月汇总报告
	2000元（含）以内		拟	审	决			
	2000元以上			拟	审		决	
13. 交际费	业务费用			拟/审	复审		决	依费用管理办法执行
14. 运输费用	月结			审	复审		决	
	临时性		拟	审	决		核备	
15. 保险费用	合约签订			拟	决			（系指公司员工社会保险、财产及车辆保险等费用）
	支付		拟	审	复审		决	
16. 专案奖金（或提成）	1000元以内			拟	决	会		每月财务汇总报告
	1000元及以上			拟	审	会	决	提案奖金成本归属依提案改善管理办法执行

附表10 事务处理核决权限

项　　目		科长或担当	部门主管/经理	执行副总	财务主管	总经理	备　　注
一、规定、办法、标准							
1. 程序文件类			拟	审		决	
2. 办法类	涉及钱的规章		拟	审		决	
	不涉及钱的规章	拟	审	决			
	部门内规章	拟	审	决			
3. 标准类		拟	审	决		会	
4. 记录类（表单）		拟	审	决			
二、组织及人事							
1. 组织变更核定	A. 科（含）以上		拟	决		核备	行政部统筹规划
	B. 组（含）以下	拟	审	决		核备	
2. 任务职掌变更			拟	决			部门级（含）以上需经总经理核决
3. 权限委让	全公司			拟	会	决	
	部门		拟	决	备份		
4. 编制员额核定	A. 间接人员		拟	审		决	由行政部统筹规划
	B. 直接人员	拟	审	复审		决	
	C. 非编制内	拟	审	复审		决	
5. 编制内人员任用	A. 直接员工	审	决				1. 由行政部统筹规划相应管理制度并依程序先予以审查
	B. 间接员工	拟	审	决			
	C. 聘用/晋升主管		拟	审		决	
6. 人员调职、请辞（免职、停薪留职）	A. 直接员工	审	决	会			由行政部统筹规划
	B. 间接员工	拟	审	决			
	C. 主管类　组长级	拟	审	决			
	C. 主管类　科长级		拟	审		决	
	C. 主管类　主管级			拟		决	
7. 升迁	依人才选拔、培训、发展程序办理，主管以下执行副总签核，主管及以上总经理签核						

续表

项　　目			科长或担当	部门主管/经理	执行副总	财务主管	总经理	备　　注
8. 薪资	A. 直接员工	依标准	审	决	决			1. 按上年度业绩状况制订计划　2. 由行政人事部统筹规划
		超标准	拟	审	复审		决	
	B. 间接员工	依标准	拟	审	决			
		超标准		拟	审		决	
	C. 主管	组长		拟	决			
		科长级		拟	审		决	
		主管级			拟		决	
	D. 年度调薪核定	总额			拟	会	决	
		个人		拟	审		决	
	E. 年终奖金	总额			拟	会	决	
		个人		拟	审		决	
9. 考勤考绩	A. 考核(年、季)考核							依三级审核制
	B. 请假/外出	B1. 请假	1天	1~7天	7天以上		15天以上	1. 科长、主管需总经理签核　2. 请假总天数超过规定需经总经理签批
		B2. 外出　出差	审	复审	决			
		B2. 外出　外宿			决			
		B2. 外出　工伤急病	先放行后补单					
		B2. 外出　宿舍			决			
	C. 加班		审	决				4小时及以上呈执行副总签核
10. 人员奖惩	A. 嘉奖/警告/小功/小过		拟	审	决			奖惩类别依公司奖惩规定由行政部建议
	B. 大功、大过		拟	审	决			
11. 设备移转、调拨			拟	审	复审		决	
12. 物料的报废			拟	审	复审		决	产品部分由相关部门主管决定
13. 合约签约权限					拟	审	决	行政事务性合同执行副总决定
14. 公务车派遣	车辆派遣（含外请）		拟	决				主管外出须签至执行副总
15. 公务车辆维修保养			拟	审	决			

续表

项　　目		科长或担当	部门主管/经理	执行副总	财务主管	总经理	备　　注
16. 物品放行	生产工器具/样品	审	决				
	胶料色种　100千克以内	拟	审	决			
	胶料色种　100千克以上	拟	审	复审		决	或其代理人
	模具、设备	拟	审	复审		决	或其代理人
	设备附件维修	拟	审	决			保安队负责跟进回厂状况
	成品出货	拟	决				单据不得有涂改
	零部件加工	拟	决				周日或晚班由工模、注塑领班会签方可放行
	废品变卖	拟	审	决			
	柴油过磅	行政总务、财务或仓库会同过磅					胶料处理放行由总经理批核
	混料外发加工	依外发加工权限，仓库、财务负责过磅					
17. 人员来访	公司客户来访	拟	审	行政主管确认会客场所			先接待后补单
	政府机构来访	拟	审				先接待后补单
	一般业务来访	拟	审				
	集团内其他公司人员	拟	审				可事先通知业务或总务

18. 特别说明	▲总经理代理事宜： ➢工厂日常管理全权代理人：执行副总 ➢重大紧急事件授权处理方式：公司生产现场最高主管代理紧急处理并汇报 ▲单据签核要求： ➢凡涉及钱或物品放行的文件、资料、单据均需经权责主管亲笔签名，保安队应认真核对主管印鉴表，无误后方可放行。否则视为无效文件 ➢因夜班或休息日等特殊原因无法依正常程序签核的文件，须于最近工作日呈交权责主管补签。否则一经查出，开NC给相关人员，并纳入绩效管理

十、某企业管理人员考核表

附表11 管理人员领导能力考核

姓名		部门		职位	
考核类别		□年度考核□职位晋升考核□转正考核			
考核周期		___年___月___日——___年___月___日			

考核要素	分值	评分标准描述	得分	备注
计划、组织和协调能力	4~5分	思维缜密、策划力强，组织协调、高效、有序		
	2~3分	组织运作有序，定期检查或改进，基本无内耗过失发生		
	0~1分	分工不明确、缺乏计划、秩序混乱，不能定期进行检查或必要的改进，有意或无意的过失经常发生		
决策能力和影响力	4~5分	工作决策果断准确，极少失误，个人威信很高		
	2~3分	决策方向基本正确，失误较少，且拥有一定威信		
	0~1分	缺乏正确决策，经常失误，影响力无法协助工作开展		
发现问题和解决问题能力	4~5分	善于发现和解决企业中的深层或隐性问题，能防微杜渐		
	2~3分	能够发现和解决一般疑难问题，及时处理突发事件		
	0~1分	缺乏发现和解决问题的能力，无法有效地处理突发事件		
团队塑造和整合能力	4~5分	善于整合和激发员工的积极性和潜力，形成高效团队		
	2~3分	能够使组织成员具备团队意识，为工作目标而协作		
	0~1分	缺乏团队塑造能力，无法形成团队凝聚力，影响正常工作		

续表

姓名			部门		职位	
指导和培养 下属的能力	4～5分	及时发现和有效培养有潜力的下属				
	2～3分	能够发现有潜力的下属，并帮助其发展				
	0～1分	不能发现和培养下属，部门人才成长受到很大限制				
推动和组织 学习的能力	4～5分	积极推动部门的学习和发展，员工知识和技能得到有效提升				
	2～3分	能推动部门的学习和发展，员工能学到必要的知识和技能				
	0～1分	不能推动部门的学习和发展，团队知识老化，难以应对及满足发展需要				
	综合得分					

考核者的意见和建议：

签字：

年　　月　　日

附表12　销售业绩绩效考核量

员工信息

姓名		岗位		所属部门	
直接上级		考核日期	___年___月___日——___年___月___日		

考核指标设计

考核项目	考核指标	评价标准	权重	得分
市场信息 收集情况	信息收集及时性	在规定时间内完成市场信息的收集，每延迟1次，减____分	____%	
	信息收集有效性	每月收集的有效信息不低于____条，每减少1条，扣____分	____%	
销售任务 完成情况	销售目标完成率	1. 销售目标完成率 2. 考核标准为____%，每低____%，减____分；低于____%，该项考核记为0分	____%	

考核项目	考核指标	评价标准	权重	得分
销售任务完成情况	销售增长率	1. 销售增长率 2. 考核标准为____%，每低____%，减____分；低于____%，该项考核记为 0 分	____%	
	销售额	1. 考核期内各项业务销售收入总计 2. 考核标准为____万元，每低____万元，减____分；低于____万元，该项考核记为 0 分	____%	
销售货款回收情况	销售回款率	1. 销售回款率 2. 考核标准为____%，每低____%，减____分；低于____%，该项考核记为 0 分	____%	
客户关系维护情况	客户保有率	考核标准为____%，每低____%，扣____分	____%	
	客户满意度	1. 通过问卷调查，计算所有客户对销售专员服务质量、态度等评分的算术平均分，标准分为____分 2. 每降低____%，减____分	____%	
	客户投诉解决率	1. 投诉解决率 2. 考核标准为____%，每低____%，减____分	____%	

综合得分：

被考核人签字	考核人签字
日期：	日期：

本书参考文献

1. 李太林 . 绩效核能［M］. 北京：中华工商联合出版社有限责任公司，2014.

2. 付亚和，许玉林 . 绩效管理［M］. 上海：复旦大学出版社，2013.

3. 刘蕊 . 如何进行绩效管理［M］. 北京：北京大学出版社，2004.

4. 〔美〕戴维·帕门特（David Parmenter）. 关键绩效指标：KPI 的开发、实施和应用［M］. 北京：机械工业出版社，2012.

5. 〔美〕迪恩·R. 斯彼德博士 . 绩效考核革命——反思考评方式驱动团体成功［M］. 北京：东方出版社，2007.

6. 赵晶 . 管理就是做考核：只有考核到位，管理才会高效［M］. 北京：中国经济出版社，2017.

7. 孙宗虎 . 最有效的 220 张量化考核图表［M］. 北京：人民邮电出版社，2010.

8. 安鸿章，时勘 . 企业人力资源管理师（一级）［M］. 北京：中国劳动社会保障出版社，2014.

9. 安鸿章 . 企业人力资源管理师（三级）［M］. 北京：中国劳动社会保障出版社，2014.

10. 〔美〕保罗·R. 尼文（Paul R. Niven），本·拉莫尔特（Ben Lamorte）. OKR 源于英特尔和谷歌的目标管理利器况阳译［M］. 北京：机械工业出版社，2018.